El Imperio británico

Una apasionante guía sobre el ascenso y la caída de la mayor superpotencia de la historia

Índice

Introducción

Mucho antes de que países como Estados Unidos o China se convirtieran en superpotencias mundiales, Gran Bretaña ostentaba el honor y el título de ser una innegable superpotencia mundial.

Durante más de cuatrocientos años, colonias, estados, países y territorios de todo el mundo cayeron bajo la soberanía de la Corona británica. A principios de la década de 1920, Gran Bretaña gobernaba casi una cuarta parte del mundo, lo que la convertía en el imperio más grande y uno de los más poderosos de la historia.

Territorios que formaron parte del Imperio británico

¿Cómo consiguió una nación insular como era tanto poder y control? ¿Dónde y cómo empezó a ir mal? ¿Por qué se puso el sol en el Imperio británico?

En este libro analizaremos cómo se estableció el imperio durante la Era de los Descubrimientos, cómo creció y se expandió, así como el impacto y el legado que dejó tras de sí el imperio en ruinas.

Capítulo 1: Gran Bretaña descubre su imperio

El Imperio británico no se descubrió ni se formó de la noche a la mañana. Una combinación de factores, entre los que se incluyen el comercio, la conquista, la colonización, la diplomacia y los acontecimientos históricos, ayudaron a Gran Bretaña a dar forma a su imperio a lo largo de varios siglos.

Uno de los factores más significativos que influyeron en el desarrollo del Imperio británico fue el comercio.

A finales del siglo XVIII, tras la victoria en la guerra de los Siete Años, considerada a menudo como el primer conflicto mundial, Gran Bretaña se convirtió en una poderosa potencia marítima y controlaba casi por completo los mares del mundo. Esto, combinado con una economía fuerte, situó a Gran Bretaña en una posición única para establecer redes comerciales con otros países de todo el mundo.

La Compañía de las Indias Orientales, creada por los británicos para ayudar a los mercaderes ingleses a comerciar en zonas extranjeras, desempeñó un papel clave en el establecimiento de relaciones con la India y otras partes de Asia. El comercio transatlántico de esclavos también se estableció para mantener y fomentar los intereses británicos, principalmente en las Américas y las islas del Caribe.

Pero fue, sin duda, la colonización la que desempeñó el mayor papel en el desarrollo del imperio. Los colonos británicos establecieron colonias en diversas partes del mundo, como Norteamérica, el Caribe,

África y Asia. Estas colonias proporcionaron a Gran Bretaña valiosos recursos y riquezas y contribuyeron a ampliar la agenda imperialista británica.

El poder de Gran Bretaña también creció considerablemente a través de la conquista. Gran Bretaña fue capaz de adquirir nuevas tierras y territorios a través de campañas militares y de su poderosa fuerza militar. Una adquisición o conquista llevaba inevitablemente a otra, casi como un efecto dominó.

Además de utilizar su fuerza militar, los británicos eran expertos en diplomacia, factor que desempeñó un papel clave en el crecimiento del imperio. Habría sido casi imposible para Gran Bretaña cuidar de todas sus colonias sin algunas alianzas estratégicas.

Consciente de ello, Gran Bretaña se esforzó por establecer alianzas y tratados con otros países, lo que, a su vez, contribuyó no solo a ampliar su influencia, sino también a garantizar la protección y seguridad de sus intereses en todo el mundo.

Los orígenes del Imperio

Ahora que hemos visto las formas en *cómo* Gran Bretaña construyó su imperio, veamos *cuándo* empezó.

El concepto de ganar poder e influencia a través de la conquista de tierras no era nada nuevo cuando comenzó el Imperio británico. Desde los primeros tiempos de las civilizaciones, se libraron guerras y batallas por territorios y tierras. Imperios como el antiguo Egipto, la antigua Grecia y la antigua Roma conquistaron tierras y establecieron colonias para aumentar su poder e influencia.

Aunque ya se habían empezado a explorar partes de África y Asia, se considera que la colonización moderna comenzó durante la Era de los Descubrimientos, a principios del siglo XV. En el siglo XIV, España y Portugal exploraron las regiones de América Central y del Sur, además estudiaron la posibilidad de expandirse por el Nuevo Mundo. Inglaterra no tardó en seguir su ejemplo. La primera colonia inglesa se fundó en Norteamérica cuando el explorador sir Walter Raleigh construyó un asentamiento en Virginia llamado Roanoke en 1585.

Roanoke solo duró un par de años antes de desaparecer. El misterio de lo que ocurrió a los habitantes de Roanoke perdura hasta nuestros días.

Tras este intento fallido, el desarrollo del Imperio británico comenzó en serio con el establecimiento de Jamestown en 1607 por el capitán John Smith y otros.

John Smith desembarcando en Jamestown
https://commons.wikimedia.org/wiki/File:Captain_John_Smith_landing_in_Jamestown.jpeg

En esa época, el colonialismo ya estaba en marcha, con varios imperios europeos recorriendo el mundo, conquistando y reclamando partes del mundo para sí.

Con los avances en la construcción naval, la cartografía y la navegación, a los exploradores les resultó más fácil que nunca viajar por todo el mundo, lo que llevó al descubrimiento de nuevas tierras y países.

Enrique VIII y el colonialismo

La monarquía de los Tudor es quizás más famosa por el rey Enrique VIII, sus seis esposas, la división de la Iglesia católica y sus hijos, que llegaron a gobernar Inglaterra. A los Tudor también se les atribuye haber sentado las bases del colonialismo inglés.

La mayor expansión del territorio inglés en el continente europeo se produjo bajo el reinado de Enrique VIII, cuando este invadió Francia en el verano de 1544.

Las guerras con Francia no eran nada nuevo para Inglaterra. Los dos países parecían enemigos natos y enzarzados en una lucha continua por el poder y el dominio. Mientras que los monarcas medievales de Inglaterra querían gobernar Francia como su rey, Enrique VIII hizo algo diferente.

Fue a la guerra y capturó Boulogne. A continuación, anexionó las tierras francesas bajo su dominio y estableció un asentamiento colonial.

La anexión duraría seis años. Históricamente, esto no se considera el comienzo del Imperio británico; sin embargo, sentó las bases y el tono de la expansión británica. Esto se vio claramente cuando se establecieron colonias inglesas en Irlanda a principios del siglo XVI bajo el reinado del hijo de Enrique VII, el rey Enrique VIII.

El rey Enrique VIII vio en Irlanda una fuente potencial de riqueza y poder para la Corona inglesa, y quiso afirmar su autoridad y poder sobre su pueblo. Declarándose rey de Irlanda, inició el proceso de establecimiento de colonias en el país. Promovió la fe protestante en estas colonias y trató de suprimir los poderes de los señores gaélicos que gobernaban Irlanda.

Los esfuerzos colonizadores ingleses estuvieron salpicados de conflictos y resistencia por parte del pueblo irlandés, que se oponía violentamente a que Inglaterra invadiera su territorio. La colonización inglesa tuvo un profundo impacto en la historia y la cultura irlandesas y sigue afectando a las relaciones entre ambos países hasta nuestros días.

Lo ocurrido en Irlanda se convertiría en un preludio de cómo Inglaterra se apoderaría, dominaría y colonizaría territorios en todo el mundo.

Siete años después de la llegada al trono de Enrique VII, padre de Enrique VIII, se «descubrió» América. Curioso por el Nuevo Mundo, el rey Enrique VII decidió financiar un viaje de exploración a Norteamérica. Sería el primer monarca Tudor en hacerlo. El hombre elegido para dirigir la expedición fue John Cabot.

Sin embargo, Enrique VII no vivió lo suficiente para presenciar el establecimiento de un asentamiento colonial en Norteamérica. Su hijo, Enrique VIII, tenía muy poco interés en seguir explorando el continente ultramarino.

No obstante, las exploraciones continuaron y, a finales del siglo XVI, se estableció la primera colonia británica en América. Se llamó Virginia en honor a la nieta de Enrique VII (hija de Enrique VIII), la reina Isabel I, que era conocida como la «reina virgen».

Retrato de la reina Isabel I
https://commons.wikimedia.org/wiki/File:Darnley_stage_3.jpg

John Cabot

Giovanni Caboto, también conocido como John Cabot, fue un explorador italiano. A diferencia de Cristóbal Colón, cuyas expediciones contaban con el respaldo de la Corona española, Cabot buscaba la financiación y el patrocinio de Inglaterra.

Sus esfuerzos dieron fruto cuando, a finales del siglo XV, se embarcó por encargo del rey Enrique VII para explorar el Nuevo Mundo. Se esperaba que descubriera una ruta hacia Asia y estableciera una ruta comercial.

Cabot y su único barco zarparon en 1496 de Bristol, pero el intento se abortó pronto debido a la escasez de alimentos y al mal tiempo. Lo intentó de nuevo al año siguiente, en mayo de 1497, y atravesó el océano Atlántico, llegando finalmente a Norteamérica.

Cabot reclamó para Inglaterra la tierra a la que había llegado y la bautizó con el acertado nombre de «New Found Land» (en español:

Tierra de los Nuevos Fundadores), la actual Terranova, en Canadá.

Se trataba de la primera exploración europea de Norteamérica de la que se tiene constancia desde que los vikingos exploraran la zona por primera vez en 1021. Aunque el viaje fue un éxito, también estuvo lleno de dificultades y murieron muchos miembros de la tripulación.

El tercer y último viaje de Cabot comenzó en 1498. Partió de Inglaterra con cinco barcos y una tripulación de unos trescientos hombres. Hasta la fecha, nadie sabe exactamente qué fue de él o de su tripulación. Uno de los barcos acabó en Irlanda, aunque dañado. Nunca más se supo de los otros cuatro.

Algunos creen que los barcos se perdieron en el mar, mientras que otros creen que Cabot llegó al Nuevo Mundo y simplemente se quedó allí. Los historiadores coinciden en que murió en el mar en 1499.

Aunque Cabot no desempeñó un papel directo en la colonización de Norteamérica, sus exploraciones condujeron al descubrimiento de otra ruta a través del océano Atlántico y ayudaron a allanar el camino para futuras expediciones inglesas emprendidas por gente como sir Walter Raleigh y la Compañía de Virginia con el apoyo de la reina Isabel I.

Retrato de sir Walter Raleigh

España y Portugal

Aunque Gran Bretaña llegaría a construir el mayor imperio conocido por la historia, Portugal fue el primer país que comenzó a colonizar durante la Era de los Descubrimientos. A principios del siglo XIV, los exploradores portugueses empezaron a buscar otros lugares donde asentarse fuera de Europa, así como nuevas rutas comerciales.

Sus exploraciones los llevaron al norte de África, donde conquistaron la ciudad de Ceuta en 1415. Le siguieron las islas de Madeira y Cabo Verde.

España, acérrima rival de Portugal, también decidió explorar y buscar nuevas tierras. Cristóbal Colón, un explorador italiano, se hizo a la mar en 1492 bajo la bandera de España para buscar una ruta directa hacia el oeste, a China y la India.

En lugar de encontrar sedas y especias, Colón desembarcó en las Bahamas, estableciendo los cimientos del Imperio español. Portugal y España no tardaron en enzarzarse en una feroz competencia por nuevas tierras en Asia, África y América.

En 1532, la mayor parte de América estaba bajo dominio español. Portugal, por su parte, poseía territorios en África, el Sudeste Asiático, el Pacífico y Oriente Próximo, con la notable excepción de Filipinas, que España ya había reclamado.

Con la colocación de sus colonias, los dos países se convirtieron en las primeras naciones europeas en establecer imperios comerciales, lo que les aportó una gran riqueza.

Sin embargo, no pasó mucho tiempo antes de que otros países europeos, en concreto Francia, Alemania, Holanda e Inglaterra, comenzaran a expandirse por ultramar. Estos países empezaron a luchar contra España y Portugal para arrebatarles las tierras que ya habían conquistado.

El Nuevo Mundo se vio rápidamente salpicado de colonias europeas.

El declive del Imperio español

Tras varios siglos de poder e influencia, el Imperio español empezó a declinar en el siglo XVII. A pesar de la riqueza que afluyó al país, mantener las colonias y librar guerras empezó a resultar caro.

Los galeones de oro transportados desde América eran a menudo robados por piratas o se perdían en el mar en tormentas u otros accidentes. Para mantener a raya a las colonias o luchar contra las revueltas, los imperios tenían que gastar mucho dinero manteniendo ejércitos y comprando armas.

Las guerras solían librarse en varios lugares y se prolongaban durante años. Las cosas se complicaban aún más cuando los enemigos unían sus fuerzas. Por ejemplo, cuando los holandeses se rebelaron contra el dominio español, Francia e Inglaterra intervinieron para ayudar a los holandeses.

Cuando los holandeses acabaron ganando la guerra, España perdió muchos de sus territorios. El declive del imperio continuó con la guerra anglo-española y se vio agravado por una serie de revueltas dentro de la propia España cuando uno de los consejeros del rey, el conde-duque de Olivares, presentó una propuesta para aumentar los impuestos.

El colapso de la Unión ibérica se convertiría en el punto de inflexión final del declive de España.

La Unión ibérica

En 1578, Portugal estaba en guerra con Marruecos cuando el rey Sebastián fue asesinado durante la batalla de los Tres Reyes (también conocida como la batalla de Alcazarquivir). Su muerte dejó el trono de Portugal sin heredero inmediato. El cardenal Enrique, su tío abuelo, fue nombrado rey, pero murió dos años después, sumiendo al país en una crisis sucesoria.

En ese momento, el hijo de Isabel de Portugal y del emperador del Sacro Imperio Romano Germánico Carlos V, Felipe II de España, decidió reclamar el trono de Portugal. Nombró al duque de Alba general del ejército invasor.

Felipe II de España

La batalla entre las fuerzas españolas y portuguesas duró poco y terminó con la victoria de España, siendo Felipe II coronado rey de Portugal.

Tras la crisis dinástica y la batalla de Alcántara, los dos países se unieron en la Unión ibérica. En 1580, las dos coronas se unieron oficialmente.

Bajo esta unión, la península ibérica, así como las posesiones españolas y portuguesas de ultramar fueron gobernadas por la monarquía española. Sin embargo, esto distaba mucho de ser una solución ideal para los portugueses, a quienes no les gustaba ser gobernados por los españoles. En el siglo XVII, las cosas se complicaban para Portugal en varios frentes.

Al unirse a España, Portugal no tenía su propia política exterior, lo que significaba que cualquier enemigo de España pasaba a ser también suyo. Cualquier guerra emprendida por España era una guerra en la que tenían que involucrarse. Políticamente, la influencia y el poder de los nobles portugueses empezaron a decaer, ocupando los españoles cada vez más altos cargos y puestos. El aumento de los impuestos por parte del conde-duque de Olivares fue la gota que colmó el vaso para los portugueses. Rápidamente establecieron su propio rey y se alinearon con Inglaterra, uno de los mayores enemigos de España.

Tras unas siete décadas de unión, España fue expulsada del gobierno portugués, lo que llevó a la disolución de la Unión ibérica en 1640. Finalmente, España no tuvo más remedio que reconocer la independencia de Portugal.

Con el tiempo, Portugal pudo recuperar la influencia y la autoridad sobre algunos de los territorios que había perdido, mientras que la influencia de España seguía disminuyendo.

La Reforma protestante

Antes de la Reforma protestante, todos los cristianos de Europa occidental eran católicos romanos. Estaban dirigidos por el papa en Roma.

La Iglesia católica era algo más que una institución religiosa rica y poderosa. Influía enormemente en los pensamientos, las acciones y la forma de vida de la gente. Y la gente se tomaba muy en serio las enseñanzas y los valores de la Iglesia.

La idea de la Reforma comenzó en 1517, cuando Martín Lutero publicó sus *Noventa y cinco tesis*.

Las *Noventa y cinco tesis* condenaban los excesos y el comportamiento corrupto de la Iglesia católica, como pedir un pago a la gente a cambio del perdón de los pecados. Lutero también consideraba que la Biblia debía ser la única guía espiritual para las personas y rechazaba la autoridad del papa sobre la religión.

Las *Noventa y cinco tesis* se tradujeron del latín al alemán y, con la ayuda de la imprenta, llegaron rápidamente a un público más amplio. Gran parte de Europa no tardó en apoyar las reformas de Lutero, y países como Suiza y Escocia se hicieron protestantes. Sin embargo, países profundamente católicos como España apoyaron a Roma y al papa. España incluso utilizó la Inquisición para erradicar a los protestantes. En resumen, el continente quedó pronto dividido entre las dos creencias religiosas.

La Reforma inglesa

La Reforma llegó a Inglaterra cuando el rey Enrique VIII buscaba desesperadamente la forma de poner fin a su matrimonio con Catalina de Aragón para poder casarse con Ana Bolena.

Catalina había sido incapaz de darle un heredero varón, y él se había enamorado de Ana. Sin embargo, el papa se negó a concederle la anulación.

Como represalia, en 1534 Enrique decidió que su autoridad estaba por encima de la Iglesia católica, ya que su derecho a gobernar procedía directamente de Dios. El Parlamento aprobó una ley que reconocía a Enrique como cabeza de la nueva Iglesia de Inglaterra y le otorgaba el control del clero.

A continuación, Enrique disolvió los monasterios ingleses, se quedó con su dinero e hizo la Biblia accesible a todos.

Enrique VIII apartó a Catalina y se casó con Ana, aunque, hasta el día de su muerte, Catalina consideró que Enrique era su legítimo esposo. Ana tampoco tuvo un heredero varón y fue decapitada. Enrique se casaría cuatro veces más.

Retrato del rey Enrique VIII
https://commons.wikimedia.org/wiki/File:1491_Henry_VIII.jpg

Tras la muerte de Enrique VIII, Inglaterra se debatió entre el protestantismo y el catolicismo. Cuando su hijo Eduardo se convirtió en rey, el país se inclinó hacia el protestantismo, pero tras su muerte, cuando María I se convirtió en reina, se impuso el catolicismo. Cientos de protestantes fueron perseguidos y quemados en la hoguera por sus ideas religiosas. Las persecuciones le valieron a María el apodo de «María la sangrienta».

La Reforma cambió el cristianismo para siempre y, hoy en día, el protestantismo es una de las tres ramas principales de la religión.

Las consecuencias de la Reforma fueron inmediatas y de largo alcance, y dieron lugar a una serie de guerras y rebeliones, como la revuelta de los caballeros en 1522, la guerra de los campesinos alemanes dos años después y la guerra de los Treinta Años. Estas guerras tuvieron un impacto significativo en el Imperio británico y desempeñaron un papel importante en la historia de Norteamérica.

De hecho, fue una de las principales razones por las que los europeos empezaron a abandonar el continente para establecerse en Norteamérica.

La reina Isabel I: La expansión de un imperio

Gran Bretaña no empezó a colonizar Norteamérica inmediatamente después de las exploraciones de John Cabot. Aunque Enrique VII estaba intrigado por el Nuevo Mundo y las oportunidades que podía crear, su hijo, Enrique VIII, estaba más preocupado por los asuntos domésticos. Tenía poco interés en Norteamérica. Su atención se centró en fortalecer y crear lazos diplomáticos con otras naciones europeas y en construir una armada británica fuerte.

Isabel fue coronada reina el 1 de noviembre de 1558, tras la muerte de la reina María, su hermanastra. Su padre, el rey Enrique VIII, es conocido por haber tenido seis esposas, dos de las cuales fueron decapitadas. Su principal razón para casarse varias veces fue la falta de un hijo varón y heredero al trono inglés. Resulta irónico que su hija, una mujer, reinara durante 45 años.

Inglaterra bajo la reina virgen, como se solía llamar a Isabel, fue testigo de uno de los periodos más gloriosos de la historia británica, la edad de oro. Durante esta época, florecieron las artes y la literatura. Al fin y al cabo, era la época de Shakespeare. Había paz, estabilidad y prosperidad en todo el país.

Esto contrastaba fuertemente con el gobierno de la reina María. En los cinco breves años de su reinado, el país se vio envuelto en una amarga lucha religiosa entre católicos y protestantes. La reina María, católica ella misma, estaba decidida a restaurar el catolicismo en Inglaterra. Su uso de la fuerza y la violencia en la persecución de los protestantes le valió el apodo de «María la sangrienta». Se la consideraba una líder fría, despiadada y violenta. Incluso hizo detener y encarcelar a su propia hermana, Isabel, en la Torre de Londres.

Isabel fue finalmente liberada, escapando por poco de la muerte. Cuatro años más tarde se convirtió en reina, heredando una Inglaterra amargamente dividida y sumida en la confusión política y religiosa.

Gracias a una mezcla de cálculo frío y despiadado, perspicacia política, así como encantos y halagos femeninos, la reina Isabel se convirtió en una experta en superar los retos de ser una mujer gobernante. A ello contribuyó su increíble inteligencia y educación. Su negativa a casarse y a someterse a la autoridad de un hombre también contribuyó a su atractivo y fuerza.

Durante su reinado, Gran Bretaña se expandió por Irlanda, Gales y Escocia, y comenzó a colonizar Norteamérica.

El primer explorador al que la reina concedió permiso fue sir Humphrey Gilbert, que dirigió tres expediciones a América con el objetivo de establecer una colonia. Sus tres intentos fueron infructuosos. Durante su último viaje, en 1583, su barco se perdió en el mar.

En 1584, el hermanastro de sir Gilbert, Walter Raleigh, obtuvo una patente y navegó hacia Norteamérica.

Las Américas

La primera colonia británica permanente en Norteamérica se llamó Jamestown, Virginia, y se estableció en 1607. Sin embargo, no fue la primera colonia que se fundó.

Raleigh intentó establecer una colonia en la isla de Roanoke en 1584. La colonia estaba formada por 107 hombres, pero resultó ser un desafío debido al duro clima y al terreno desconocido. Se abandonó el esfuerzo por mantener un asentamiento.

Unos años más tarde, en julio de 1587, se hizo un segundo intento con la llegada de 150 colonizadores procedentes de Inglaterra, incluidos mujeres y niños, bajo la dirección de John White, quien fue nombrado gobernador de la colonia.

Poco después de llegar, White regresó a Inglaterra para conseguir más suministros. Su regreso se retrasó debido al conflicto de Gran Bretaña con España. Cuando él y Raleigh regresaron a Roanoke en 1590, la colonia había desaparecido. Hasta la fecha, nadie sabe qué fue de la colonia ni de sus habitantes. A menudo se la conoce como la «colonia perdida».

Esto puso una pausa temporal en el sueño de una colonia inglesa en las Américas.

Sin embargo, la ambición y el deseo de Isabel de tener una colonia sentaron las bases para futuros intentos, y Gran Bretaña encontró el éxito con la fundación de Jamestown. La colonización de América estuvo impulsada principalmente por motivos económicos, políticos y religiosos.

Para muchos europeos, el Nuevo Mundo era una perspectiva seductora y una oportunidad de empezar de nuevo. Esto no fue diferente para los ingleses, que encontraron atractiva la perspectiva de las oportunidades económicas. La colonización ofrecía la posibilidad de adquirir tierras y recursos que, para muchos, habrían sido inauditos en Inglaterra. Permitía la posibilidad de establecer nuevas rutas comerciales y ampliar el mercado para los productos ingleses.

Para la monarquía inglesa, la colonización era una forma más de hacer avanzar sus ambiciones políticas y extender su poder e influencia por todo el mundo. Inglaterra quería desafiar el dominio de otras potencias europeas como España y Francia, que ya reclamaban tierras en el Nuevo Mundo.

Muchos colonizadores ingleses también estaban motivados por la religión. En el siglo XVII, muchos europeos que ansiaban la libertad religiosa o temían por su vida a causa de sus creencias comenzaron a huir a Norteamérica. Al sentirse amenazados en un entorno religioso cada vez más hostil, muchos optaron por escapar de la persecución religiosa. En el Nuevo Mundo eran libres de vivir y practicar lo que quisieran, al menos en su mayor parte.

Poco a poco, Norteamérica se convirtió en un refugio para todo tipo de personas y por infinidad de razones. Inglaterra experimentaba un rápido crecimiento demográfico y sufría malestar social. En un país claramente dividido por clases, la gente estaba ansiosa por encontrar nuevas oportunidades. Emigrar al Nuevo Mundo les ofrecía precisamente eso: una oportunidad de ascenso social y la posibilidad de empezar de cero.

Para facilitar el esfuerzo colonizador, se crearon sociedades anónimas con la ayuda del gobierno inglés para proporcionar financiación y apoyo organizativo. Dos de las compañías más famosas fueron la Virginia Company y la Massachusetts Bay Company.

Aunque Inglaterra llegó bastante tarde a la colonización de Norteamérica, gracias a una serie de movimientos estratégicos y victorias, llegaría a colonizar grandes extensiones de Norteamérica.

Capítulo 2: Trece colonias y una revolución

Los primeros asentamientos ingleses en América

En el siglo XVI, Inglaterra adoptó un enfoque más agresivo para expandir su imperio por todo el mundo. En su país, la situación distaba mucho de ser ideal, con un desempleo creciente, escasez de alimentos y persecución religiosa.

Mientras tanto, muchas naciones europeas competían ferozmente entre sí por la adquisición de colonias. Las colonias se consideraban un negocio rentable y una forma de resolver el problema del exceso de población en Europa.

Tras la misteriosa desaparición de la colonia de Roanoke en 1590, Jamestown, situada en Virginia, se convirtió en el segundo intento de Inglaterra de establecer un asentamiento. A pesar de las dificultades, este intento tuvo más éxito.

Jamestown

En diciembre de 1606, después de que la Virginia Company de Londres (una de las sociedades anónimas aprobadas por el gobierno inglés) financiara un viaje a Norteamérica, más de cien hombres y niños zarparon de Inglaterra en tres barcos. Desembarcaron en Norteamérica y, en la primavera del año siguiente, ya habían establecido un asentamiento en Virginia llamado Jamestown, en honor al rey Jacobo I.

Jamestown se convertiría en la primera colonia inglesa permanente en Norteamérica. Pretendía ser una réplica de la sociedad inglesa, y los inversores ingleses tenían la esperanza de que este exitoso asentamiento aumentara su riqueza.

La zona, situada a orillas del río James, fue elegida por su ubicación, ya que el asentamiento estaría bordeado de agua por tres lados y conectado a tierra por otro. El agua era lo bastante profunda para que atracaran los barcos y podía defenderse fácilmente de cualquier ataque de los españoles.

En el verano de 1607, los habitantes habían construido un fuerte para protegerse de los ataques de los nativos americanos de la zona. La relación entre los recién llegados y los nativos americanos no era mala, pero tampoco muy buena.

Además, los primeros colonos se enfrentaron a una serie de retos, como un invierno duro y desconocido. Los colonos empezaron a enfermar y a morir de enfermedades como fiebres, flujos y hambre. El jefe Powhatan y su tribu salvaron a los colonos de la inanición total enviándoles regalos de comida, y esta generosidad y amabilidad evitó que el asentamiento fracasara.

Sin embargo, a finales de 1609, la relación se había agriado y los colonos ingleses, temerosos de ser asesinados por los powhatan, rara vez salían de su fuerte y se mantenían aislados. Eran tiempos difíciles y los colonos pasaron apuros.

Al año siguiente, casi todos los colonos habían muerto por enfermedad o inanición. Estaban a punto de abandonar el asentamiento cuando recibieron la noticia de que una flota con Thomas West, 3er barón de La Warr, el nuevo gobernador de Jamestown, estaba de camino.

Las cosas empezaron a cambiar en Jamestown. En 1612, un hombre llamado John Rolfe llevó semillas de tabaco al asentamiento y estableció una relación comercial con los powhatan.

Las cosechas de tabaco convirtieron Jamestown en una colonia rentable y aseguraron su supervivencia. En 1614 se casó con Pocahontas, lo que trajo la paz entre los Powhatan y los colonos. La paz duró hasta 1622, tras lo cual estallaron batallas y escaramuzas entre ambos grupos.

Mientras tanto, la población de la colonia seguía aumentando. Se reclutaron mujeres en Inglaterra y se las envió a la colonia para que se casaran con colonos y fundaran familias. La colonia creció constantemente y se convirtió en un establecimiento permanente. Se creó una asamblea legislativa, que se convertiría en la base del actual gobierno representativo de Estados Unidos.

Las plantaciones de tabaco eran rentables, pero el trabajo era duro, por lo que se trajeron esclavos de África para trabajar la tierra.

Durante las décadas siguientes, los colonos siguieron sorteando dificultades, luchas y batallas. En 1699, tras un incendio que dejó gran parte de la ciudad destruida, el gobierno y el pueblo decidieron trasladar la capital a Middle Plantation, cambiando su nombre por el de Williamsburg en honor al rey Guillermo III.

Ruinas de Jamestown
https://commons.wikimedia.org/wiki/File:Jamestown_Virginia_ruin.JPG

Williamsburg era un mejor lugar y más adecuado para ser la capital de Virginia. Algunas personas siguieron viviendo en Jamestown, pero ya no se consideraba una ciudad propiamente dicha.

Las Trece Colonias

En el siglo XVIII, Gran Bretaña había establecido otras doce colonias situadas estratégicamente a lo largo de la costa atlántica.

Las colonias estaban situadas y divididas en tres regiones separadas y, como era de esperar, muchas de ellas llevaban el nombre de monarcas británicos como el rey Carlos I y la reina Isabel I (la reina virgen).

• Colonias de Nueva Inglaterra

o Connecticut

o Bahía de Massachusetts

- o Nuevo Hampshire
- o Rhode Island
- Colonias centrales
  - o Delaware
  - o Nueva Jersey
  - o Nueva York
  - o Pensilvania
- Colonias del Sur
  - o Georgia
  - o Maryland
  - o Carolina del Norte
  - o Carolina del Sur
  - o Virginia

Las Trece Colonias acabarían convirtiéndose en la base de los actuales Estados Unidos.

Las Trece Colonias de Norteamérica
Richard Zietz, CC BY-SA 3.0 <https://creativecommons.org/licenses/by-sa/3.0>, vía Wikimedia Commons; https://commons.wikimedia.org/wiki/File:Thirteencolonies_politics_cropped.jpg

Los matrimonios, los hijos, las familias y el flujo constante de emigrantes procedentes de Gran Bretaña y Europa continental aseguraron el crecimiento demográfico continuo de estas colonias norteamericanas.

Las tierras vírgenes, antes deshabitadas, se transformaron poco a poco en comunidades y civilizaciones. Las colonias empezaron a desarrollar su propia identidad y a forjar lazos entre sí. En el siglo XVIII, la relación entre Gran Bretaña y sus colonias se había vuelto tensa y tirante.

Cómo controlaba Gran Bretaña Norteamérica

Una vez que Gran Bretaña decidió empezar a colonizar Norteamérica, uno de los retos a los que se enfrentó fue cómo ejercer y mantener el control sobre las colonias. Dada la distancia geográfica, no sería una hazaña fácil; sin embargo, Gran Bretaña se las arregló para conseguirlo utilizando una combinación de dominio económico, fuerza militar e influencia política.

Los asentamientos establecidos a principios del siglo XVII, que incluían Virginia, Massachusetts y Carolina, ayudaron a Inglaterra a ejercer el control sobre la región. Cuando llegaron los colonos ingleses, trajeron consigo su propia cultura, lengua e instituciones, lo que contribuyó a consolidar la presencia de Inglaterra en las colonias.

El comercio fue una poderosa herramienta utilizada para mantener a raya a las colonias. Inglaterra dominaba las redes comerciales de las colonias, especialmente en el siglo XVIII. No había casi nada que los comerciantes británicos no comerciaran.

Se comerciaba con todo, desde azúcar y tabaco hasta algodón, pieles, madera y pescado. Con la aprobación de varias leyes comerciales, el gobierno británico consiguió que los comerciantes británicos mantuvieran el monopolio del comercio en Norteamérica. Los colonos, a su vez, dependían en gran medida de estos comerciantes para que les trajeran mercancías.

La vida en las colonias distaba mucho de ser ideal, y los conflictos y escaramuzas entre los asentamientos establecidos por otras potencias europeas y los nativos americanos eran muy frecuentes. Por ello, era importante para Gran Bretaña mantener una fuerte presencia militar en la región. Estas tropas ayudaban a asegurar y promover los intereses británicos. También intervenían durante levantamientos o rebeliones. Los colonos confiaban en esta fuerza militar para protegerse de los ataques enemigos.

Por último, Gran Bretaña controlaba las colonias a través de la política. Muchos de los gobernadores coloniales u otros funcionarios políticos recibían sus nombramientos del gobierno británico; como tales, naturalmente priorizaban los intereses y deseos británicos sobre lo que los colonos preferían o necesitaban.

Cuando observamos las diversas formas en que Gran Bretaña estaba entrelazada con las colonias americanas y lo dependientes que eran los colonos de la madre patria, es fácil entender cómo el imperio consiguió tener un control tan absoluto.

Sin embargo, con el tiempo, a medida que las exigencias británicas se hacían cada vez más problemáticas, los colonos empezaron a evaluar su situación y a cuestionar su relación con Gran Bretaña.

Con el paso de las décadas, el poder y la influencia coloniales crecieron, al igual que el tamaño de las colonias. Esto acabaría convirtiéndose en la perdición de Gran Bretaña, ya que las colonias acabaron por rebelarse.

Conflictos en América

Aunque el traslado al Nuevo Mundo proporcionó a los colonos ciertas libertades y oportunidades, su vida fue extremadamente difícil. En las primeras décadas, su supervivencia dependía de los suministros que llegaban de Gran Bretaña o de la amabilidad de los nativos americanos.

Cuando los colonos llegaron por primera vez, se enfrentaron a la monumental tarea de construir una vida a partir de la nada. Tuvieron que desbrozar el terreno, eliminar árboles, construir refugios y defensas, encontrar la forma de cultivar o capturar alimentos, sobrevivir en un clima duro y desconocido y mantener relaciones con los nativos americanos.

Muchos sucumbieron a la enfermedad o al hambre o murieron en violentos enfrentamientos con los nativos americanos. Era una realidad difícil de comprender para los que vivían en Inglaterra.

Al principio, la relación entre Inglaterra y las colonias era amistosa, cordial y necesaria. Inglaterra cedía el control absoluto de las regiones, mientras que los colonos, que luchaban por mantenerse con vida, dependían del imperio para obtener alimentos, suministros y protección contra invasiones y ataques enemigos.

A cambio, Inglaterra recibía enormes beneficios de las colonias en forma de valiosos recursos como metales preciosos, azúcar y tabaco. Estos materiales se vendían a otros países con grandes beneficios. Los acaudalados inversores británicos aumentaron su patrimonio y el imperio se enriqueció.

Pero mientras las potencias europeas estaban ocupadas luchando por nuevas tierras y peleando por las fronteras territoriales, los colonos de Norteamérica se enfrentaban a una nueva vida. Trabajaban contra las duras condiciones de su entorno para crear asentamientos y sobrevivir. Empezaron a estrechar sus lazos y desarrollaron un fuerte sentimiento de unidad.

Estos lazos de nacionalismo se profundizaron aún más durante la guerra franco-india, que se libró a lo largo de nueve años.

Guerra franco-india (1754-1763)

Esta guerra comenzó en Norteamérica y acabó convirtiéndose en un escenario de la guerra de los Siete Años, un conflicto global más amplio entre Francia y Gran Bretaña que se extendió por varios continentes. Esta guerra se tratará con más detalle en el capítulo 5.

En Norteamérica, la disputa comenzó por el control del valle superior del río Ohio. Esta región estratégicamente situada era reclamada tanto por franceses como por británicos.

Los franceses habían establecido una serie de fuertes en la zona, mientras que Gran Bretaña pretendía ampliar sus asentamientos en la región. Las tensiones siguieron aumentando y acabaron desembocando en un gran conflicto armado en 1754, cuando George Washington dirigió un ataque de las fuerzas británicas contra las francesas en Fort Necessity.

Durante la guerra, ambos bandos recibieron ayuda, suministros y refuerzos de su patria, y el conflicto no tardó en llegar a otras partes de Norteamérica, como Canadá y varias tribus nativas americanas.

La mayoría de las tribus nativas se pusieron del lado de los franceses, ya que pensaban que tenían más posibilidades de recuperar sus tierras si ganaban los franceses. El objetivo de los franceses era más bien el comercio y no la creación de asentamientos permanentes. Este no era el caso de Gran Bretaña. Los nativos americanos veían cómo Gran Bretaña les arrebataba cada vez más tierras para crear asentamientos. Aun así, varias tribus se aliaron con los británicos.

Fuerzas británicas bajo fuego enemigo
Internet Archive Book Images, Sin restricciones, vía Wikimedia Commons;

La guerra llegó a su punto álgido en 1759, cuando las fuerzas británicas capturaron la ciudad de Quebec, que era la capital de Nueva Francia. La resistencia francesa terminó en gran parte después de que los británicos tomaran Montreal en 1760, y la guerra llegó a su fin formal en 1763 con la firma del Tratado de París.

Aunque Gran Bretaña ganó la guerra, le costó muy cara y dejó al imperio muy endeudado. La guerra también cambió el equilibrio de poder en Norteamérica, con Gran Bretaña emergiendo como clara potencia.

Para los colonos, la victoria supuso un gran estímulo y contribuyó a sus sentimientos de nacionalismo y patriotismo. Para ellos, la guerra tenía poco que ver con imperios en guerra y todo que ver con su capacidad para unirse y vencer a un enemigo común. Les hizo darse cuenta de sus propias fuerzas y capacidades, y preguntarse si podían ser algo más que un grupo de colonias separadas.

Repercusiones de la guerra para Gran Bretaña

La guerra de los Siete Años costó muy cara a los británicos. En un intento por recuperar los gastos y recaudar dinero para el ejército, el Parlamento británico recurrió a las colonias. Después de todo, la guerra franco-india se había librado para proteger a las colonias de las incursiones francesas.

Rápidamente se aprobaron cuatro leyes, empezando por la Ley del Azúcar de 1764. Según esta ley, cualquier azúcar o melaza importada a las colonias desde islas extranjeras productoras de azúcar estaba sujeta a un impuesto. Se aplicó el impuesto a sabiendas de que Boston y las colonias de Nueva Inglaterra dependían en gran medida de estos productos para fabricar ron, que exportaban a otras regiones, como África Occidental. En África Occidental, el ron se utilizaba a menudo para comprar esclavos.

Como el ron era una fuente de ingresos tan importante para las colonias, los impuestos adicionales mermaban los beneficios. En lugar de pagar el impuesto, muchos colonos empezaron a buscar estos productos en otros lugares.

Un año más tarde se aprobó la Ley del Timbre, que gravaba todo tipo de material impreso que requiriera un sello en relieve, incluidos panfletos y naipes. La gente empezó a manifestar su descontento y a protestar contra estos impuestos.

Sin inmutarse, Gran Bretaña aprobó las Leyes Townshend en 1767 y 1768. En esta ocasión, se gravaron artículos como el vidrio, el té y el papel importados de Gran Bretaña. Los colonos se indignaron y empezaron a protestar en serio. Las cosas empeoraron cuando las tropas británicas llegaron de Inglaterra para hacer cumplir las leyes.

Masacre de Boston - 1770

Una serie de acontecimientos, empezando por la masacre de Boston, avivaron el creciente sentimiento independentista. La masacre de Boston, considerada un acontecimiento fundamental en la historia de Estados Unidos, tuvo lugar el 5 de marzo de 1770, cuando algunos colonos empezaron a burlarse de un grupo de soldados británicos apostados frente a la Aduana de Boston.

Los soldados se sintieron amenazados y empezaron a disparar contra los colonos desarmados. Tres colonos murieron, y dos más fallecieron más tarde a causa de sus heridas.

Los bostonianos y los colonos en general se indignaron por la masacre, y la demanda de independencia estadounidense creció tras el incidente. Los soldados británicos fueron juzgados posteriormente por los asesinatos. Los colonos intentaron que tuvieran un juicio justo; dos de ellos fueron declarados culpables de homicidio involuntario, pero los otros seis soldados fueron absueltos.

Para los colonos, la masacre de Boston se convirtió en una prueba más de la opresión británica y contribuyó a avivar el espíritu revolucionario.

Motín del té de Boston - 1773

Otro acontecimiento clave que unió a las colonias en su resistencia contra los británicos y ayudó a desencadenar la Revolución estadounidense fue el motín del té de Boston.

Además de la serie de leyes aprobadas entre 1764 y 1768, el gobierno británico decidió aprobar la Ley del Té en 1773. En virtud de esta ley, se concedió a la Compañía Británica de las Indias Orientales el monopolio de la venta de té en las colonias.

Enfadados con el gobierno británico por imponer impuestos a las colonias sin darles una representación adecuada ni preocuparse por sus problemas, un grupo de manifestantes decidió pasar a la acción. Más tarde, el 16 de diciembre, un grupo de colonos se disfrazó de nativos americanos y abordó tres barcos británicos.

Una vez en los barcos, los colonos arrojaron al océano Atlántico más de trescientos cofres de té importado por la Compañía de las Indias Orientales.

Litografía de 1846 de Nathaniel Currier que representa el motín del té de Boston
https://commons.wikimedia.org/wiki/File:Boston_Tea_Party_Currier_colored.jpg

Cuando el Parlamento británico se enteró, montó en cólera, y las ramificaciones de este comportamiento insolente no se hicieron esperar en forma de una serie de actos conocidos como las Leyes Coercitivas o Intolerables.

Estas duras medidas pretendían ser un castigo por el comportamiento rebelde de los colonos y conseguir que «volvieran a la disciplina».

Las Leyes Intolerables

Al sentir que las colonias se les estaban yendo de las manos, Gran Bretaña decidió que necesitaba tomar medidas drásticas para afirmar su autoridad.

Las Leyes Coercitivas o Intolerables llegaron rápidamente tras el motín del té de Boston. Fueron aprobadas por el Parlamento británico en 1774. Son las siguientes:

1) La Ley del Puerto de Boston: Esta ley cerró el puerto de Boston hasta que los colonos pagaran por todo el té que había sido destruido durante el motín del té de Boston. Su objetivo era paralizarlos económicamente, ya que los barcos no podrían entrar y salir del puerto para comerciar.

2) La Ley del Gobierno de Massachusetts: Esto redujo el poder del gobierno colonial en Massachusetts y lo puso bajo control británico. Esto haría aún más difícil para los bostonianos tener voz en la política.

3) La Ley de Administración de Justicia: En virtud de esta ley, los funcionarios británicos que fueron acusados de cometer un delito en las colonias iban a ser juzgados en Gran Bretaña en lugar de donde tuvo lugar el crimen. Esto fue una bofetada en la cara de los colonos porque sabían que estos crímenes rara vez serían castigados en Gran Bretaña y que habían sentado un precedente para la realización de juicios justos. Era otra forma que tenía Gran Bretaña de oprimirles y quitarles el control.

4) La Ley de Acuartelamiento: Esta ley exigía que el alojamiento y los suministros para las tropas británicas fueran proporcionados por los colonos. Las mismas tropas que habían sido enviadas para hacer cumplir las leyes y asegurarse de que los colonos no se salieran de la línea, ¡ahora tendrían que ser mantenidas por ellos!

Sin embargo, las leyes no tuvieron el efecto deseado por Gran Bretaña. Las Leyes Intolerables dejaron a los colonos indignados y unidos en su odio hacia el dominio británico. Las condiciones estaban lo suficientemente maduras para una revuelta, y la tormenta que se había estado gestando durante años llegó a su punto álgido, desencadenando la Revolución estadounidense.

La Revolución estadounidense

La lucha por la independencia de Estados Unidos comenzó con las batallas de Lexington y Concord en abril de 1775, cuando las tropas coloniales se enfrentaron a las británicas.

Varios meses después, en julio, el Congreso Continental, que representaba a las Trece Colonias, emitió la Declaración de Causas y Necesidad de Tomar las Armas. En ella se declaraba esencialmente que las colonias tomaban las armas para luchar por sus derechos como súbditos británicos.

El Congreso Continental adoptó la Declaración de Independencia en 1776, rompiendo oficialmente los lazos de las colonias con Gran Bretaña. Declararon que Estados Unidos era una nación soberana.

Sin embargo, la guerra revolucionaria no terminó ahí. Continuó durante varios años más, con docenas de batallas libradas por todas las colonias. Finalmente, la guerra terminó con la victoria de los estadounidenses.

1781 Asedio de Yorktown - Los británicos se rinden
https://commons.wikimedia.org/wiki/File;John_Trumbull_-_The_Surrender_of_Lord_Cornwallis_at_Yorktown,_October_19,_1781_-_1832.4_-_Yale_University_Art_Gallery.jpg

La lucha llegó a su fin en 1783 con la firma del Tratado de París. Según los términos del tratado, Estados Unidos fue reconocido como nación independiente y se establecieron formalmente las fronteras del país.

La Revolución estadounidense sirvió de inspiración a muchos otros movimientos revolucionarios, incluida la Revolución francesa. También estableció la reputación de Estados Unidos como nación democrática fundada en los principios de libertad, igualdad y autogobierno. Los colonos se habían enfrentado al mayor imperio del mundo y habían ganado. Para Gran Bretaña, la pérdida de las Trece Colonias fue totalmente devastadora.

Impacto de la revolución en Gran Bretaña

A pesar de las dificultades iniciales para establecer asentamientos, con el tiempo las colonias empezaron a prosperar. En la época de la revolución, las Trece Colonias eran una fuente inestimable de materias primas y crearon un importante mercado para los productos británicos.

La pérdida de las colonias significó un brusco declive de la riqueza y la influencia del imperio. Para Gran Bretaña, la derrota a manos de las colonias fue humillante, así como un golpe a su prestigio y reputación como potencia colonial. La revuelta contra ellas se consideró un desafío a la autoridad británica y desencadenó otros movimientos anticoloniales. Los países empezaron a pensar que, si Estados Unidos podía hacerlo, ¿por qué ellos no?

La guerra también dejó a Gran Bretaña paralizada financieramente. Había sido una empresa costosa, y el gobierno se había visto obligado a pedir prestadas grandes cantidades de dinero para financiar la guerra. Esto sobrecargó aún más una deuda nacional ya significativa. Gran Bretaña también pagó un alto precio en vidas humanas, perdiendo muchos soldados en las colonias.

Sin embargo, la pérdida de las colonias no supuso una ruptura de lazos. Gran Bretaña seguía teniendo otras colonias en la región y el deseo mutuo de prosperidad económica hizo que el comercio continuara entre ambos países.

Capítulo 3: Comercio y trata de esclavos

El control marítimo

Desde los primeros tiempos de la civilización, era un hecho aceptado que quien controlara los mares podía ejercer algún tipo de control sobre las naciones que los bordeaban.

Hoy en día, cuando pensamos en «poder naval», automáticamente pensamos en Gran Bretaña, una isla que, en un momento dado, controlaba más del 25% del mundo. Debido a su situación geográfica, Gran Bretaña siempre ha dependido del mar para comerciar, explorar y defenderse. La marina británica también ha desempeñado un papel crucial en la expansión y protección de los intereses del imperio dentro y fuera de sus fronteras.

Este mismo poder naval ayudó a librar batallas durante las guerras napoleónicas y a ganar dos guerras mundiales.

Cuando la guerra de los Siete Años terminó con una victoria británica, Gran Bretaña emergió como una poderosa fuerza marítima. El poder y la influencia del imperio se hicieron indiscutibles y, en los siglos XVIII y XIX, el imperio tenía el control absoluto de los océanos del mundo.

El poder marítimo no solo ayudó al imperio a expandirse, sino que también contribuyó a que Gran Bretaña se convirtiera en una nación muy rica, ya que las rutas comerciales proporcionaban acceso a valiosos recursos y mercados de todo el mundo. En casa, la construcción de barcos y las industrias portuarias proporcionaron una fuente de empleo y ayudaron al crecimiento económico.

La marina británica

La Marina Real británica es una de las fuerzas navales más antiguas y respetadas del mundo. Sus inicios se remontan a mediados del siglo XVI.

A medida que crecía la influencia británica, también lo hacía el papel de la marina. Durante el periodo de colonización británica, la marina desempeñó un papel esencial en la proyección del poder del país por todo el mundo y en la configuración del curso de la historia.

Durante los siglos XVIII y XIX, Gran Bretaña fue el mayor imperio del mundo y su armada la más poderosa. Durante la Revolución francesa y las guerras napoleónicas, la Marina Real estaba en su momento de mayor eficacia y dominaba los mares. Bajo un hábil mando, fue capaz de defenderse exitosamente de los ataques franceses y españoles.

La Marina Real también desempeñó un papel importante en la exploración del mundo, ya que los exploradores se dirigieron a descubrir el paso del Noroeste o la Terra Australis. Los viajes y los descubrimientos realizados contribuyeron en gran medida al conocimiento del mundo.

En la actualidad, puede que la Marina Real no tenga el mismo poder que antes, pero sigue siendo muy respetada y su legado continúa conformando la identidad nacional británica.

La trata transatlántica de esclavos

Aunque la Marina Real puede ser admirada por muchas cosas, su legado tiene un lado más oscuro y vergonzoso.

La esclavitud, que era esencialmente un sistema de transporte y tráfico forzado de seres humanos desde África a América y otros lugares, desempeñó un papel crucial en la expansión del Imperio británico. El proceso fue facilitado por la armada británica.

La primera expedición inglesa de esclavos tuvo lugar en 1562, cuando John Hawkins zarpó de Inglaterra rumbo a África. Capturó a más de trescientos africanos y los vendió a colonos españoles en América. En el siglo XVII, el comercio de esclavos se había convertido en un próspero negocio para los ingleses.

¿Cómo funcionaba? La trata transatlántica de esclavos era una ruta en forma casi de triángulo que iba de Europa a África, de África a América y de América a Europa.

Al recorrer esta ruta, los mercaderes exportaban mercancías a África; a cambio, recibían especias, materiales preciosos como oro o marfil y, por supuesto, africanos esclavizados. Los barcos que contenían todas estas «mercancías» se dirigían a las colonias de América, principalmente a las colonias norteamericanas y al Caribe.

Los colonos compraban esclavos africanos a los mercaderes a cambio de tabaco, algodón, azúcar y otros artículos. Los esclavos se vendían a quienes podían permitírselos.

INSPECTION AND SALE OF A NEGRO.

La inspección de un esclavo
https://commons.wikimedia.org/wiki/File:The_inspection_and_sale_of_a_slave.jpg

Los esclavos comprados trabajaban en el hogar, en plantaciones o en minas. Mientras tanto, los mercaderes británicos se llevaban los productos americanos a Europa y los vendían para obtener beneficios.

Era un negocio próspero que enriquecía a inversores, particulares e imperios. Aunque Gran Bretaña era una de las potencias europeas implicadas en el comercio de esclavos, fue una de las que más éxito tuvo.

A medida que Gran Bretaña asumía su papel de potencia marítima, el poder y la influencia de la armada también crecían, y esta se involucraba cada vez más en el comercio de esclavos. Los barcos de la armada se utilizaban para proteger a los barcos de esclavos británicos de los ataques de piratas u otros enemigos, y también se utilizaban para atacar a los barcos de esclavos que eran propiedad de otros imperios y países.

Aproximadamente el 70% de todos los africanos esclavizados fueron transportados a América por Gran Bretaña y Portugal.

Gran Bretaña fue el país más activo en este comercio entre 1640 y 1807. Los historiadores calculan que se traficó con unos 3,1 millones de africanos, de los que unos 2,7 millones sobrevivieron al viaje y fueron vendidos a las colonias británicas.

Si bien el papel de la marina hizo más eficiente el comercio de esclavos, más tarde desempeñaría un papel clave en la abolición de la esclavitud. La marina patrullaba los mares e interceptaba los barcos negreros para impedir el transporte de africanos esclavizados.

Sería imposible resumir el valor de la marina británica en unos breves párrafos. Sin embargo, puede verse claramente que la marina británica estuvo estrechamente entrelazada con el comercio transatlántico de esclavos, desde los primeros días de la colonización hasta la abolición final de la esclavitud en el siglo XIX.

Beneficios económicos de la esclavitud

La explotación de millones de personas es un concepto profundamente repugnante, y es difícil imaginar que naciones enteras participaran voluntariamente en una práctica tan poco ética. Sin embargo, así fue.

¿Por qué? Bueno, aportó una inmensa riqueza a los países participantes, como Gran Bretaña, Portugal, España, Francia e incluso los Países Bajos. Los africanos esclavizados eran obligados a trabajar en campos y granjas, así como a cultivar cosechas como tabaco, azúcar, algodón y café. Estos productos eran muy demandados en Europa y América y generaban enormes ingresos. Y la cosa no acababa ahí.

Los beneficios del comercio de esclavos se utilizaron para financiar el crecimiento de industrias como la textil. Las finanzas, a su vez, se utilizaron para expandir los imperios coloniales. Era un círculo vicioso infinito, en el que los africanos eran víctimas una y otra vez.

Globalmente, la trata de esclavos contribuyó a crear un sistema económico que facilitaba el intercambio de bienes y servicios entre distintas partes del mundo. Este sistema, por reprobable que fuera, sentó las bases para el crecimiento del capitalismo moderno y el comercio internacional.

Pero toda esta riqueza tuvo un inmenso precio, que pagaron muy caro los africanos esclavizados, tratados como menos que humanos.

Trato a los esclavos

Barcos mercantes

Los esclavos eran capturados por los traficantes de esclavos, normalmente a lo largo de la costa occidental de África. Lo hacían asaltando aldeas por la noche. Capturaban a hombres, mujeres, niños y familias enteras, para luego meterlos en los barcos negreros que los esperaban.

Los comerciantes africanos también intercambiaban bienes como armas, alcohol y textiles por esclavos. Estos comerciantes capturaban o compraban esclavos a otras tribus para venderlos a los europeos. Otra forma era la servidumbre por deudas. Los comerciantes concedían préstamos a los líderes y jefes africanos utilizando esclavos como garantía. Cuando no se pagaban los préstamos, se reclamaban los esclavos como pago.

Una vez capturados, los esclavos eran llevados a una zona de espera antes de ser transportados a América o a otra colonia en barcos negreros. Las condiciones en estos barcos eran brutales e inhumanas. Los traficantes de esclavos veían a los africanos como meros objetos, por lo que se les negaban los derechos humanos básicos y la dignidad.

Los barcos negreros cruzaban el Atlántico en un viaje que se conoce como el Pasaje del medio. El viaje duraba varios meses.

Tratados como carga y no como seres humanos, los africanos solían ir encadenados y hacinados en espacios reducidos durante todo el viaje, normalmente en la bodega del barco.

La bodega del barco estaba situada debajo de la cubierta principal y era un espacio oscuro y estrecho. No estaba diseñada como espacio habitable y carecía de la ventilación, la iluminación e incluso de cuarto de baño necesarios.

Hacinados como sardinas, sin poder moverse, los africanos no tenían más remedio que hacer sus necesidades allí mismo. Se veían obligados a vivir en sus propios desperdicios, y muchos sucumbían a enfermedades y dolencias, muriendo antes de llegar a su destino final.

Cuadro de un barco negrero de Johann Rugendas, pintor alemán que vio esta escena con sus propios ojos

https://commons.wikimedia.org/wiki/File:Navio_negreiro_-_Rugendas_1830.jpg

Los africanos también soportaban temperaturas extremas, mala alimentación y brutalidad por parte de la tripulación. Eran golpeados y torturados, y las mujeres y los niños sufrían agresiones y/o abusos sexuales.

La supervivencia de un africano a menudo dependía enteramente de lo humano que decidiera ser el capitán o la tripulación del barco. Algunos barcos tenían una tasa de mortalidad más alta que otros.

Condiciones de trabajo

Para los que lograban sobrevivir al viaje, las condiciones de trabajo en las colonias no eran mejores.

En las plantaciones y granjas, los esclavos solían trabajar de sol a sol con pocos descansos. Los días libres eran un lujo y no se concedían fácilmente. Los esclavos eran tratados con gran brutalidad.

Algunas de las tareas habituales de los esclavos en las plantaciones azucareras eran limpiar la tierra, plantar y cultivar, y cosechar y procesar la caña de azúcar. El trabajo no solo era físicamente exigente, sino también bastante peligroso, ya que requería el uso de maquinaria pesada o herramientas como machetes.

El clima añadía otro nivel de brutalidad, ya que los trabajadores estaban expuestos a un calor extremo y se veían obligados a soportar el sol abrasador, las lluvias torrenciales o el frío. Y cuando enfermaban, tenían que seguir trabajando. No era raro que los esclavos murieran de agotamiento, deshidratación o desnutrición.

Las plantaciones de té tenían condiciones de trabajo similares e implicaban un proceso intensivo en mano de obra de plantación, poda, recolección y procesamiento de las hojas de té. Los trabajadores cobraban poco o nada por su trabajo. Las condiciones de vida no eran mejores: viviendas hacinadas y acceso limitado a alimentos, atención sanitaria y educación.

El tabaco también era un producto de moda y un importante cultivo comercial. Las condiciones de trabajo en estas granjas eran similares a las de los esclavos en las plantaciones de té y azúcar. Trabajaban de sol a sol y solían tener un día libre a la semana, pero lo dedicaban a otras tareas o labores para el propietario.

Psicológicamente, los esclavizados sufrían importantes traumas y abusos emocionales. Físicamente, eran golpeados, violados o sometidos a otros castigos brutales por la más mínima infracción. A menudo las familias eran destrozadas y vendidas a otros. Las condiciones de vida también eran pobres e inadecuadas.

Por supuesto, había excepciones. No todas las familias o propietarios trataban así a sus esclavos. Hay historias de bondad y compasión, y algunos esclavos llevaban una vida mucho más agradable que otros. Sin embargo, eso no quita que siguieran siendo esclavos.

La Compañía de las Indias Orientales

En 1600, un grupo de mercaderes ingleses con una carta real de la reina Isabel I fundaron la Compañía de las Indias Orientales. Se trataba de una compañía comercial cuyo objetivo era facilitar el comercio con los países de Asia Oriental, concretamente India, Indonesia y China.

Al operar desde Asia, la Compañía de las Indias Orientales obtuvo el monopolio del comercio inglés con las Indias Orientales. La compañía utilizó su poder para construir una extensa red comercial en toda Asia, comerciando con una amplia gama de mercancías.

Entre los productos más populares figuraban los textiles, las especias, el opio y el té. Con el tiempo, la compañía creció y amplió sus actividades comerciales y pronto se convirtió en el actor dominante en el subcontinente indio. En el siglo XVIII, la Compañía de las Indias Orientales se había politizado y empezó a ser utilizada como agente del imperialismo británico.

La Compañía de las Indias Orientales pasaría a controlar amplias zonas de India, Bangladesh y Pakistán. Para mantener su monopolio sobre la región, crearon el Ejército de la Compañía de las Indias Orientales. Este ejército privado participó en campañas militares, aseguró los intereses de la compañía en la India y desempeñó un enorme papel en la colonización y subyugación de la región.

No pasó mucho tiempo antes de que la compañía empezara a utilizar su poderío militar para imponer la voluntad británica a los gobernantes locales y extraer recursos de estas regiones. La Compañía de las Indias Orientales se convirtió en la gobernante de estas zonas.

La continua falta de recursos condujo a una pobreza y hambruna masivas y frenó el desarrollo de estos países asiáticos de muchas maneras. Los efectos de las acciones británicas durante este periodo siguen afectando a muchos países en desarrollo.

Las tensiones entre los británicos y el pueblo indio comenzaron a aumentar, culminando finalmente en la rebelión de la India de 1857, también conocida como el motín indio.

Esto acabó con el control absoluto de la Compañía de las Indias Orientales en la India. Sin embargo, el gobierno británico intervino y tomó el control directo de la región.

Azúcar y té

El té y el ritual diario de sentarse a tomarlo varias veces a lo largo del día son tan británicos por excelencia y están tan arraigados en la cultura británica que resulta difícil recordar que no siempre existieron en el país.

Aunque el té existía desde hacía siglos en China, los ingleses no oyeron hablar de él hasta mediados del siglo XVI.

Antes de que el té llegara al país, la mayoría de los ingleses bebían café. En la década de 1650, los comerciantes holandeses empezaron a llevar té a Europa. Al principio, esta deliciosa bebida exótica, denominada «bebida de China» por el diarista inglés Samuel Pepys, se consideraba una novedad y no estaba al alcance de muchos.

Según cuenta la historia, el té empezó a ganar popularidad en Inglaterra después de que el rey Carlos II se casara con la hija del rey de Portugal, Catalina de Braganza. El té era una bebida popular entre los aristócratas portugueses, y la nueva reina de Inglaterra estaba acostumbrada a beberlo con regularidad. Cuando se casó, llegó a Inglaterra con varios barcos llenos de artículos de lujo procedentes de

Portugal. Entre ellos había un cofre de té.

Los nobles y aristócratas británicos no tardaron en aficionarse a esta práctica. En 1664, Inglaterra ya importaba su propio té, pero los elevados impuestos lo convertían en una bebida muy cara que solo los ricos podían permitirse. Por lo tanto, el té se consideraba una marca de lujo y riqueza.

Pero con el tiempo, todo el mundo quería un poco. De hecho, la demanda era tan alta que el contrabando de té se convirtió en una empresa lucrativa. Sin embargo, seguía siendo caro y no estaba al alcance de todos.

Cuando William Pitt el Joven se convirtió en primer ministro en 1783, redujo drásticamente el impuesto sobre el té, desde casi el 120% a un mero 12,5%. Los contrabandistas abandonaron sus operaciones y el té se hizo asequible para todas las clases sociales.

El té arrasó en Gran Bretaña y todo el mundo lo quería. Con el tiempo, se empezó a añadir leche al té, bien para enfriarlo y que no estuviera tan caliente, bien para darle más sabor.

El té y el azúcar pronto se convirtieron en los focos del comercio y la importación británicos, y la esclavitud desempeñó un papel integral en su comercio y producción.

Las mercancías populares y el comercio transatlántico de esclavos

Tras la introducción del té y el azúcar en los mercados europeos, todo el mundo quería un poco. Sin embargo, su producción requería mucha mano de obra y grandes cantidades de tierra y recursos. También era importante para los comerciantes mantener bajos los costos para poder obtener mayores beneficios.

Para satisfacer la creciente demanda de la población, las potencias coloniales europeas establecieron plantaciones en lugares como la India, Norteamérica y el Caribe. Los africanos esclavizados fueron llevados a estas regiones para trabajar en las plantaciones, cultivando y cosechando té, azúcar y otros productos. Y lo mejor de todo es que la mayoría era mano de obra gratuita.

La mano de obra esclava era especialmente frecuente en el Caribe, donde las plantaciones de azúcar eran las empresas más grandes y rentables. En cuanto a la producción de té, Sri Lanka y la India tenían las mayores plantaciones.

Capítulo 4: El Imperio «de abajo»

Como el Imperio británico controlaba firmemente los mares, era lógico que Gran Bretaña continuara sus exploraciones por mar.

Tras haber conquistado partes de Norteamérica, África y Asia, Gran Bretaña puso sus miras en el hemisferio sur, en gran parte por descubrir, o el mundo «de abajo».

Para ayudarles en sus exploraciones, el gobierno británico recurrió a la ayuda del explorador y navegante inglés James Cook.

James Cook y Terra Australis

James Cook fue más conocido por sus viajes por el océano Pacífico y sus importantes contribuciones a la cartografía de la Terra Australis.

El primer viaje del capitán Cook comenzó en 1768. Tenía dos objetivos. Uno era observar el tránsito de Venus desde Tahití, y el otro era explorar la región del Pacífico y buscar el continente austral que los filósofos y eruditos griegos estaban convencidos de que existía.

Este continente austral era conocido como Terra Australis Incognita o «Tierra Desconocida del Sur». Era un continente hipotético que algunos filósofos, entre ellos Aristóteles y Pitágoras, pensaban que estaba ahí fuera. Estaban convencidos de que, dada la forma de la Tierra (una esfera perfecta) y la distribución de las tierras, tenía que existir una masa continental en el hemisferio sur para equilibrar el peso del norte. Los eruditos europeos medievales también creían en esta teoría y siguieron promoviendo la idea de la Terra Australis.

En el siglo XVIII, los exploradores europeos, algunos de los cuales habían circunnavegado el globo, creían haber refutado la teoría de la Terra Australis. Los exploradores habían sido incapaces de localizar una gran masa de tierra en el hemisferio sur; lo que habían descubierto en su lugar era mucha agua e islas más pequeñas.

Aunque finalmente se descubrió que la Terra Australis no existía, la idea de que pudiera existir tuvo un impacto significativo en la exploración del mundo, la cartografía y las teorías sobre la forma y estructura de la Tierra.

Cuando James Cook partió, esperaba encontrar la Terra Australis. Sin embargo, cuando navegó hacia el sur desde Tahití, realizó varios desembarcos en las islas de Nueva Zelanda y el este de Australia.

HMS Resolution y Discovery en Tahití
https://commons.wikimedia.org/wiki/File:John_Cleveley_the_Younger,_Views_of_the_South_Se as_(No._3_of_4).jpg

En 1770, Cook reclamó la posesión de la costa oriental de Australia para Gran Bretaña y la denominó Nueva Gales del Sur. Entró en contacto con los pueblos indígenas de Australia, convirtiéndose en el primer europeo en hacerlo.

El segundo viaje de Cook comenzó unos años más tarde, en 1772. Navegó más al sur que los exploradores anteriores y acabó llegando al círculo polar antártico. Sus exploraciones dieron lugar a extensas observaciones de la geografía, el clima, los animales y las plantas de la región. Su trabajo proporcionó el conocimiento más preciso del hemisferio sur en aquella época y permitió nuevas exploraciones de la zona.

Cook emprendió un viaje más en 1776, que le llevó al noroeste del Pacífico de Norteamérica y a las islas Hawái. Cook murió en Hawái en 1779 tras un violento encuentro con unos lugareños.

Indígenas australianos

La población indígena de Australia son los aborígenes y los isleños del estrecho de Torres. Fueron los primeros habitantes de Australia y sus islas circundantes.

Antes de que los colonos europeos empezaran a llegar a la isla en 1788, entre trescientas y mil tribus indígenas estaban asentadas en todo el continente. Cada tribu tenía su propia cultura, tradiciones y lengua, y su rico patrimonio cultural se remontaba a más de sesenta mil años.

Vivían de la tierra mediante prácticas tradicionales como la caza, la recolección y la agricultura. Su forma de vida y su armonía social se vieron alteradas por la llegada de los colonos europeos, mismo que tuvo efectos devastadores.

Al igual que habían hecho en América, los europeos empezaron a arrebatar tierras a la población indígena y a construir asentamientos. Siguieron el caos, la violencia y la propagación de enfermedades.

La colonización de Australia

Australia empezó a ser colonizada por Gran Bretaña a finales del siglo XVIII, casi dos décadas después de que Cook reclamara por primera vez Nueva Gales del Sur para el imperio.

En aquella época, Gran Bretaña se enfrentaba al hacinamiento en sus prisiones, y el gobierno no sabía qué hacer con todos los convictos. Los británicos también buscaban ampliar sus territorios en ultramar para seguir apoyando los intereses económicos del país.

El gobierno tomó la decisión de establecer una colonia penal en el continente australiano. Los barcos británicos que transportaban soldados y convictos pronto empezaron a zarpar hacia la masa continental del sur.

El 26 de enero de 1788, la primera flota de barcos desembarcó en la cala de Sídney. El gobernador Arthur Phillip supervisó el asentamiento de esta primera colonia, que recibió el nombre de Colonia de Nueva Gales del Sur.

Los primeros años de la colonia estuvieron marcados por las dificultades y las duras condiciones. Al igual que los colonos americanos que les precedieron, los nuevos colonos de Nueva Gales del Sur se enfrentaron a una serie de retos y dificultades, como enfermedades, escasez de alimentos y conflictos con los indígenas australianos.

Sin embargo, perseveraron y, con el apoyo de Gran Bretaña, la colonia siguió creciendo. Con el tiempo, se establecieron otros asentamientos a lo largo de la costa. Los británicos llegaron para quedarse.

Muy pronto, los colonizadores expulsaron (a menudo por la fuerza) a las tribus y naciones indígenas de sus tierras, reclamaron la propiedad de sus recursos y empezaron a imponer sus propias leyes, cultura y tradiciones a la población nativa.

Aunque los asentamientos se expandían, la economía tenía dificultades. Esto cambió cuando se descubrió oro en Victoria en 1851. El descubrimiento hizo que miles de inmigrantes de todo el mundo se lanzaran como locos a Australia, con la esperanza de hacer fortuna. Esta afluencia masiva de personas e inversiones ayudó a Gran Bretaña a hacer crecer la economía australiana.

Los empresarios británicos aprovecharon la fiebre como una oportunidad perfecta para establecer negocios, mientras que los bancos y otros inversores financiaron el desarrollo de la industria minera junto con otros sectores de la economía.

Pronto, la política cobró importancia. La creciente población necesitaba una mayor representación política y un gobierno democrático. En 1851, Victoria se convirtió en una colonia independiente, y en 1855 se adoptó un gobierno responsable. Por primera vez, el Parlamento, inspirado en gran medida en el sistema británico, fue elegido por el pueblo en lugar del gobierno británico. Las colonias que se extendían por Australia pronto contaron con sistemas democráticos independientes del británico.

La fiebre del oro fue importante en la colonización de Australia porque fue lo que dio a Gran Bretaña el poder de moldear el crecimiento económico y político del continente, lo que, a su vez, contribuyó a su propio crecimiento como imperio.

Pero en este proceso, los británicos no fueron considerados. Los pueblos indígenas se enfrentaron al genocidio cultural y al despojo. Tuvieron que renunciar a su identidad y modo de vida para allanar el camino a los colonos británicos. El legado de sus acciones sigue afectando a los indígenas australianos hasta nuestros días.

Colonia penal

Los primeros once barcos llenos de convictos llegaron a la cala de Sídney a finales de enero de 1788. Bajo el mando del capitán Arthur Phillip, los barcos eran conocidos como la Primera Flota. Los convictos eran en su mayoría hombres y mujeres pobres que habían cometido delitos menores como fraude o robo.

Litografía de la llegada de la Primera Flota a Australia
https://commons.wikimedia.org/wiki/File:The_First_Fleet_entering_Port_Jackson,_January_26,_1788,_drawn_1888_A9333001h.jpg

Su llegada provocó tensiones inmediatas con los aborígenes de la zona de Sídney. Los eora no querían que los forasteros invadieran su territorio y se produjeron muchos conflictos por la comida, la tierra y los recursos.

Los europeos también llevaron consigo una serie de enfermedades, como la viruela, que eran ajenas a los eora. Miles de ellos murieron de enfermedades.

A lo largo de un siglo, más de 150.000 delincuentes convictos fueron trasladados de Gran Bretaña a Australia.

Estos convictos no se quedaron sentados en las celdas. Rápidamente se les puso a trabajar en la construcción de gran parte de las primeras infraestructuras de la colonia. Construyeron carreteras, edificios públicos, casas, puentes y muchas otras cosas.

Una vez cumplidas sus condenas, la mayoría de los presos decidieron quedarse en Australia y construirse una nueva vida. Con el tiempo, muchos convictos superaron el estigma de ser criminales y se convirtieron en colonos de éxito y renombre, desempeñando un papel importante en el desarrollo de la sociedad australiana.

En la actualidad, Australia es una nación desarrollada, democrática y del primer mundo, con una población de más de veinticinco millones de habitantes. Sin embargo, su historia como colonia penal dejó huella en su identidad nacional y, en el pasado, provocó fricciones con Inglaterra.

Segundo Imperio británico

El «segundo Imperio británico» es un término que se utiliza a menudo para referirse al periodo de expansión imperial británica entre finales del siglo XIX y principios del XX. Durante este periodo, el Imperio británico alcanzó su máximo esplendor, con un imperio que se extendía de un extremo al otro del mundo.

Este periodo se caracterizó por centrarse en la colonización formal y el control territorial, a diferencia de la época anterior, en la que el imperialismo británico se centraba más en el comercio y la influencia informal. En resumen, Gran Bretaña era clara, abierta y agresiva en cuanto a sus objetivos imperiales.

Este cambio se debió a varias razones. Una de ellas fue la creciente competencia de otras potencias europeas. Los británicos deseaban asegurarse cada vez más recursos y mercados. Les impulsaba la codicia y también la creencia absoluta de que eran mejores que los demás.

Para haber construido el tipo de imperio que construyeron y ceder el control que ejercieron, Gran Bretaña tuvo que creer en su propia superioridad. Los británicos impusieron su cultura, religión, civilización e idioma al mundo porque creían que era lo mejor.

La expansión del imperio en esta época se produjo mediante una combinación de conquista militar, explotación económica y diplomacia. El gobierno británico estableció administraciones coloniales en muchos territorios, que a menudo impusieron el estilo británico a la población local.

Algunos historiadores creen que la colonización de Australia fue vista como un nuevo comienzo para Gran Bretaña, especialmente tras la pérdida de América. Habían perdido un continente entero y ahora se esforzaban por ganar otro. En cierto modo, Gran Bretaña tuvo bastante éxito, ya que Australia siguió siendo una colonia británica durante más de un siglo y solo obtuvo su independencia en 1901. Sin embargo, Australia no era tan lucrativa como las Américas en términos de riqueza, comercio o vastedad de recursos.

En otras palabras, Australia era importante para Gran Bretaña, pero nunca podría reemplazar la pérdida de América.

El declive del segundo Imperio británico

Hacia mediados del siglo XX, el poder y la influencia del Imperio británico empezaron a declinar, a medida que más y más países reclamaban su independencia. La noción de autodeterminación cobró impulso en muchas colonias europeas.

Para entonces, Estados Unidos se había convertido en una fuerza propia, por lo que era difícil no hacer comparaciones. Más países querían ser como Estados Unidos, libres de las ataduras y el control de un imperio extranjero.

El proceso de descolonización alcanzó su punto álgido tras la Segunda Guerra Mundial, y la mayoría de las colonias británicas obtuvieron su independencia en la década de 1960.

El sol empezaba a ponerse para el Imperio británico.

Capítulo 5: La cuestión francesa

Inglaterra y Francia: la batalla de dos imperios

En la actualidad, Francia e Inglaterra disfrutan de una relación buena y fiable. Son amigos y aliados que comparten valores y políticas similares, y se han apoyado mutuamente en numerosas guerras y conflictos, siendo el más significativo cuando Inglaterra declaró la guerra a Alemania después de que Hitler invadiera Francia. Los Aliados trabajaron juntos para liberar a Francia de la ocupación nazi.

Sin embargo, no siempre fue así. Los dos imperios tienen una larga y complicada historia en la que a menudo alternan periodos de amistad y cooperación con otros de hostilidad y conflicto.

Durante la Edad Media y principios de la Edad Moderna, las dos naciones se consideraban enemigas acérrimas y estaban constantemente en guerra. Eran feroces rivales que competían por territorios, influencia y poder mundial.

Una de las guerras más famosas entre ambos países fue la guerra de los Cien Años, que duró más de cien años. Esta guerra fue una serie de conflictos continuos que tuvieron lugar de 1337 a 1453. El conflicto original comenzó cuando el rey Eduardo III de Inglaterra y el rey Felipe VI de Francia reclamaron ser el heredero legítimo al trono francés.

Esta disputa sobre quién tenía derecho al trono francés y las continuas disputas territoriales se sumaron a las tensiones y finalmente desembocaron en una guerra que duró más de un siglo.

Después de que los franceses ganaran la batalla de Castillon el 9 de octubre de 1453, la guerra llegó finalmente a su fin, junto con el dominio de Inglaterra en Francia. Inglaterra perdió sus posesiones en el continente, excepto el puerto de Calais, que permaneció bajo control inglés durante doscientos años hasta su reconquista por los franceses en 1558.

El final de la guerra de los Cien Años marcó el comienzo de un periodo de relativa estabilidad entre las dos naciones.

Collage de pinturas que representan la guerra de los Cien Años
Blaue Max, CC BY-SA 4.0 <https://creativecommons.org/licenses/by-sa/4.0>, vía Wikimedia Commons; https://commons.wikimedia.org/wiki/File:Hundred_years_war_collage.jpg

La guerra de los Siete Años

La guerra de los Siete Años fue el primer conflicto verdaderamente global que vio el mundo, ya que implicó a la mayoría de las principales potencias europeas y a sus respectivas colonias. Comenzó en 1756 y terminó en 1763. El principal punto de contención fueron los intereses contrapuestos de las principales potencias en Norteamérica, Europa y la India.

En realidad, el conflicto había comenzado dos años antes en Norteamérica, cuando Francia e Inglaterra empezaron a discutir sobre quién tenía el control del valle del río Ohio. En un par de años, la guerra se extendió a Europa.

Francia, Rusia (al menos hasta 1762), Austria y Suecia se unieron para formar una alianza conocida como el Pacto de Familia contra Gran Bretaña y Prusia, que tenían su propia alianza.

Batalla de Quebec

La batalla de Quebec, también conocida como la batalla de las Llanuras de Abraham, se considera uno de los conflictos más importantes de la guerra de los Siete Años. La decisiva victoria británica puso fin a los planes de expansión de Francia en Canadá.

La batalla empezó mal para Francia. Aunque los defensores franceses estaban apostados en las llanuras de Abraham, a las afueras de la ciudad de Quebec, fueron sorprendidos por un ataque de las fuerzas británicas dirigidas por el general James Wolfe. Las fuerzas francesas superaban en número a las británicas, pero el elemento sorpresa los pilló completamente desprevenidos y no pudieron montar una defensa eficaz.

Tras tres meses de asedio por parte de las fuerzas británicas, la batalla comenzó finalmente el 13 de septiembre de 1759 y duró aproximadamente una hora. Fue corta pero brutal, y ambos bandos sufrieron numerosas bajas. El propio general Wolfe resultó mortalmente herido.

La muerte del general Wolfe por Benjamin West
https://commons.wikimedia.org/wiki/File:Benjamin_West_005.jpg

A pesar de esta pérdida, los británicos consiguieron mantener su posición y hacerse con el control de la ciudad.

En la primavera siguiente, Francia intentó reconquistar Quebec. Los franceses consiguieron obligar a los británicos a retirarse, pero no fue un éxito que duraría mucho tiempo. El intento de Francia se saldó con una victoria británica y los franceses rindieron la ciudad. Con esta rendición, el dominio francés terminó oficialmente en Canadá.

La batalla fue importante porque se consideró un punto de inflexión en la guerra. Dio a Gran Bretaña el control de Canadá, que hasta entonces había estado principalmente bajo control francés. Al perder la batalla, la influencia de Francia en Norteamérica disminuyó drásticamente, al tiempo que Gran Bretaña pasó a dominar los asuntos mundiales.

Batalla de Rossbach

La batalla de Rossbach fue otra batalla importante de la guerra. Se libró entre Prusia y Francia el 5 de noviembre de 1757.

Mientras los franceses intentaban coordinar un ataque contra Berlín, la capital de Prusia, fueron interceptados por el rey Federico II y su ejército prusiano.

Las fuerzas prusianas, extremadamente bien entrenadas y disciplinadas, superaron en número a las francesas en casi dos a uno, obteniendo una victoria rápida y decisiva. Esto les dio una importante ventaja estratégica e impidió un ataque a Berlín, que habría sido un duro golpe para el esfuerzo bélico.

La batalla también consagró al rey Federico como uno de los más grandes comandantes militares de su tiempo y puso a Prusia en el mapa como una gran potencia en Europa. La victoria en Rossbach contribuyó a que Gran Bretaña acabara ganando la guerra de los Siete Años.

Tratado de París

Cuando quedó claro que Francia estaba perdiendo la guerra de los Siete Años, Francia empezó a negociar la paz. La guerra llegó a su fin en 1763 con la firma del Tratado de París. Las condiciones del tratado tuvieron importantes consecuencias políticas y económicas para los imperios y sus colonias, modificando el equilibrio de poder en Europa.

Según los términos del tratado, Francia tuvo que ceder a Gran Bretaña la mayor parte de sus territorios norteamericanos, incluido Canadá. La isla caribeña de Granada y el puerto indio de Pondicherry también fueron entregados a Gran Bretaña, marcando el inicio del dominio británico en la India.

España, que entró en la guerra en 1761 para ayudar a Francia, tuvo que ceder Florida a Gran Bretaña. A cambio, recuperaron La Habana, Cuba, y Manila, en Filipinas.

Con la firma del tratado, las aspiraciones coloniales de Francia en Norteamérica llegaron a su fin y establecieron firmemente a Gran Bretaña como la potencia europea dominante en el continente. Gran Bretaña se hizo con el control de rutas comerciales y territorios clave, lo que contribuyó en gran medida a impulsar su crecimiento económico y su influencia durante el siglo siguiente.

Como vimos anteriormente, el tratado también marcó el inicio de las tensiones entre Gran Bretaña y sus colonias norteamericanas. Estas tensiones acabarían desembocando en la Revolución estadounidense unos años más tarde.

Napoleón Bonaparte

Ningún libro sobre el Imperio británico estaría completo sin hablar de Napoleón Bonaparte, un líder militar y político francés que alcanzó la fama durante la Revolución francesa y acabó convirtiéndose en emperador de Francia.

Nacido en la isla de Córcega, en el seno de una familia pobre pero noble, Napoleón se educó en Francia. Tras graduarse en la academia militar francesa en 1785, comenzó su carrera militar en el ejército francés. Poco después, en 1789, comenzó la Revolución francesa. Durante este periodo, ascendió rápidamente, pasando de subteniente a general de brigada a los veinticuatro años.

Retrato de Napoleón a los veintitrés años por Henri Félix Emmanuel Philippoteaux
https://commons.wikimedia.org/wiki/File:Napoleon_-_2.jpg

Las excepcionales dotes de mando y el pensamiento estratégico de Napoleón lo convirtieron en la elección perfecta para dirigir el ejército francés. Sin embargo, en 1799 conmocionó al país al tomar el poder, y se coronaría emperador de Francia en 1804.

Utilizando sus brillantes habilidades militares, Napoleón expandió enormemente el Imperio francés librando guerras contra otras naciones y coaliciones europeas. Su poder e influencia empezaron a declinar en 1812 tras su fallida invasión de Rusia. En 1814, se vio obligado a abdicar del trono y a trasladarse a Elba, donde vivió exiliado.

Al año siguiente volvió al poder, pero duró poco. Tras una devastadora derrota en la batalla de Waterloo, Napoleón abandonó definitivamente la política. Vivió el resto de su vida exiliado en la isla de Santa Elena hasta su muerte a los 51 años.

Napoleón y Gran Bretaña

Feroz nacionalista francés, la relación de Napoleón con Gran Bretaña fue complicada, y la nación acabó convirtiéndose en su mayor enemigo.

Al principio, Napoleón sentía respeto y admiración por muchos aspectos de la sociedad británica, como su sistema educativo y jurídico. Pero a medida que sus ambiciones para Francia crecían, también lo hacía su resentimiento hacia Gran Bretaña, que era una gran potencia naval.

Napoleón estaba cada vez más enfrentado a Gran Bretaña, cuyo poder e influencia se interponían en su política expansionista. Gran Bretaña tenía más colonias, más recursos y más dinero, por lo que estaba en una posición fuerte para desafiar a Francia.

Gran Bretaña también estaba aliada con muchas potencias europeas, potencias que se oponían a las ambiciones de Napoleón. El bloqueo británico de los puertos franceses durante las guerras napoleónicas fue un punto de discordia. El bloqueo afectó gravemente a la economía francesa, provocando escasez de alimentos y una elevada inflación. Y cada batalla que Napoleón perdía contra Gran Bretaña mermaba su honor y prestigio, y él lo tomaba como un insulto personal.

Poco a poco, sus sentimientos de rencor hacia Gran Bretaña fueron en aumento hasta que el país se convirtió en un enemigo acérrimo.

Las guerras napoleónicas

Las guerras napoleónicas (llamadas así por Napoleón) fueron una serie de batallas y conflictos librados entre 1803 y 1815. Se libraron entre Francia y otras potencias europeas, incluida Gran Bretaña.

Al igual que en la guerra de los Siete Años, las batallas se libraron en todo el mundo y se extendieron por varios continentes, aunque la mayor parte de los combates tuvieron lugar en Europa. Los principales protagonistas de las guerras napoleónicas fueron Gran Bretaña, Francia, Austria, Prusia, Rusia y España.

En un principio, las guerras se iniciaron para mantener la fuerza y la posición de Francia en Europa, pero pronto se convirtieron en un viaje de poder para Napoleón, que quería dominar el continente.

Francia ostentó brevemente el título de potencia más influyente de Europa, pero duró poco.

Como parte de su plan para dominar toda Europa, Napoleón estableció estados títeres, se coronó rey de Italia y nombró a sus hermanos reyes de las naciones vecinas.

La población pronto empezó a volverse contra Francia, a la que consideraba una potencia exterior, y contra su ocupación bajo su dominio.

Al principio, Napoleón y sus campañas militares parecían indestructibles, ya que el genio militar ganaba victoria tras victoria, pero la marea acabó cambiando y su fortuna decayó drásticamente. Algunas de las batallas más significativas de las guerras napoleónicas son las siguientes:

1) **Batalla de Marengo:** Esta batalla se libró el 14 de junio de 1800 entre tropas francesas y austriacas cerca de la ciudad de Alessandria, Italia. La batalla fue caótica y ambos bandos sufrieron muchas bajas. Sin embargo, el ejército francés consiguió romper las líneas austriacas y hacerlas retroceder. Los franceses ganaron la batalla y se aseguraron el control del norte de Italia. Esta batalla ayudó a establecer a Francia como potencia dominante en Italia y despejó el camino para la expansión francesa por Europa.

2) **Batalla de Trafalgar:** Fue un enfrentamiento naval crítico entre la Marina Real británica y las flotas francesa y española. Tuvo lugar frente a la costa suroeste de España el 21 de octubre de 1805, cerca del puerto de Cádiz y del estrecho de Gibraltar. Desde hacía meses, la flota británica bloqueaba a las flotas francesa y española en Cádiz. El almirante Pierre de Villeneuve dirigía la flota francesa. En septiembre de 1805, Villeneuve recibió la

orden de abandonar Cádiz y dirigirse a Nápoles (Italia) para prestar apoyo a la campaña francesa. Varias semanas más tarde, los barcos de Villeneuve salieron de Cádiz y se dirigieron al Mediterráneo. Su esperanza era escapar sin entrar en combate. Pero en la mañana del 21 de octubre, la flota británica, al mando del almirante Horatio Nelson, fue tras ellos. La flota británica se acercó a ellos en dos columnas. Villeneuve dispuso su flota en una sola línea que se dirigía hacia el norte. Las dos columnas británicas los atacaron por el oeste y luego por el centro. Consiguieron romper la línea enemiga. Un contraataque de algunos de los barcos franceses y españoles, que no habían sido afectados en el primer ataque, también fracasó. La superioridad británica en potencia de fuego y marinería fue demasiado para Francia y España y condujo a una victoria decisiva para el imperio. Gran Bretaña no perdió ni un solo barco durante la batalla y tuvo menos de dos mil bajas, mientras que Francia y España perdieron un total de veintidós barcos y más de trece mil hombres (capturados, heridos y muertos). Fue una batalla muy importante porque la derrota frustró los planes de Napoleón de invadir Gran Bretaña y consolidó la supremacía naval británica. Desgraciadamente, Nelson resultó herido de muerte.

3) **Batalla de Austerlitz:** También conocida como la batalla de los Tres Emperadores, la batalla de Austerlitz se libró el 2 de diciembre de 1805, cerca de una ciudad llamada Austerlitz (actual República Checa). Las fuerzas francesas se enfrentaron a las austriacas y rusas. Como la mayoría de las batallas libradas durante las guerras napoleónicas, fue sangrienta y violenta, y se saldó con un elevado número de bajas. Durante la batalla, Napoleón cogió desprevenidos a los austro-rusos y los sorprendió con un ataque que no esperaban. Las tropas francesas lograron rodear fácilmente a las fuerzas enemigas y, tras varias horas de lucha, el ejército austro-ruso emprendió la retirada. Napoleón arrasó, obligó a Austria y Rusia a firmar un tratado con Francia y se hizo fácilmente con el control de gran parte de Europa central. La victoria en esta batalla consolidó su dominio en Europa.

4) **Batalla de Borodino:** Esta batalla tuvo lugar durante la desastrosa invasión francesa de Rusia. Se convertiría en la mayor y más sangrienta batalla de la guerra. Se produjeron al menos setenta

mil bajas en ambos bandos, una cifra catastrófica para un solo día de lucha. Las tropas francesas lanzaron varias ofensivas contra los rusos, que se mantuvieron firmes. Tras más de un día de lucha, el ejército ruso emprendió finalmente la retirada, pero los franceses estaban demasiado débiles para seguirlos. Técnicamente, los franceses ganaron la batalla porque capturaron Moscú, que había sido incendiada y abandonada por los rusos, pero perdieron la oportunidad de ganar la guerra contra Rusia. Pronto llegó el invierno y Napoleón se dio cuenta de lo atrapados que estaban él y sus hombres. La batalla de Borodino se convirtió en el punto de inflexión de las guerras napoleónicas, ya que las tropas rusas acabaron reagrupándose y lanzaron su propia contraofensiva contra los franceses. El ejército de Napoleón fue derrotado y se vio obligado a abandonar Rusia.

5) **Batalla de Waterloo:** Esta fue la última y definitiva batalla de las guerras napoleónicas y es una de las más importantes de la historia europea. Se libró el 18 de junio de 1815 cerca del pueblo de Waterloo, situado en la actual Bélgica. Comenzó por la mañana, cuando las tropas francesas atacaron a las fuerzas aliadas. Los combates fueron intensos, sangrientos y duraron todo el día. Ambos bandos perdieron muchas vidas. Por la tarde, una fuerza prusiana que había estado marchando hacia Waterloo para apoyar a los británicos llegó finalmente.

La batalla de Waterloo por William Sadler II
https://commons.wikimedia.org/wiki/File:Battle_of_Waterloo_1815.PNG

El nuevo lote de tropas inclinó la balanza a favor de Gran Bretaña y sus aliados, y Francia perdió finalmente la batalla. Con esta aplastante derrota, Napoleón se vio obligado a aceptar el hecho de que sus ambiciones estaban perdidas. Se vio obligado a abdicar una vez más. Waterloo tuvo una enorme importancia porque puso fin al reinado de Napoleón, inaugurando una nueva era de relativa paz y estabilidad en Europa. También convirtió a Gran Bretaña en la fuerza militar más poderosa de Europa. Gran Bretaña ahora reinaba suprema tanto en tierra como en mar.

Pax Britannica

El periodo de paz y estabilidad que descendió sobre Europa durante el siglo XIX tras la abdicación y posterior exilio de Napoleón se conoce como *Pax Britannica*. El término procede de otro anterior, la *Pax Romana*, que se utilizó durante los siglos I y II de nuestra era para referirse a la paz que existía en todo el Imperio romano.

Tras el fin de las guerras napoleónicas, Gran Bretaña era la potencia europea dominante. La influencia del imperio se extendía por todo el mundo, mientras que su indiscutible poderío militar y económico permitía al país tener un peso significativo en los asuntos mundiales.

El control marítimo de Gran Bretaña también significaba que tenía el control de las rutas marítimas y comerciales clave, lo que daba al imperio una ventaja automática.

En resumen, el Imperio británico era prácticamente invencible.

Capítulo 6: India: El siglo imperial

Durante el periodo de la *Pax Britannica*, la cultura, la lengua, los valores y las tradiciones británicas se extendieron por todo el mundo. Se lograron avances significativos en los campos de la ciencia, la tecnología y la medicina. La máquina de vapor y el telégrafo fueron algunos de los inventos más notables de la época.

Revolución Industrial

Durante los siglos XVIII y XIX, Europa y Norteamérica experimentaron un periodo de importantes cambios económicos y sociales, comúnmente conocido como la primera Revolución Industrial.

A principios del siglo XVIII, las industrias británicas eran pequeñas empresas artesanales que dependían en gran medida del trabajo manual. Por ejemplo, los textiles como el algodón y la lana eran producidos por personas que trabajaban en sus casas tejiendo e hilando. El proceso era lento, laborioso y caro.

Cuando empezaron a desarrollarse nuevas tecnologías, el proceso de fabricación empezó a pasar del trabajo manual a las máquinas. En la industria textil, inventos como el telar mecánico facilitaron la producción de prendas de vestir y redujeron el trabajo manual, lo que condujo rápidamente a la producción en masa de paños y telas.

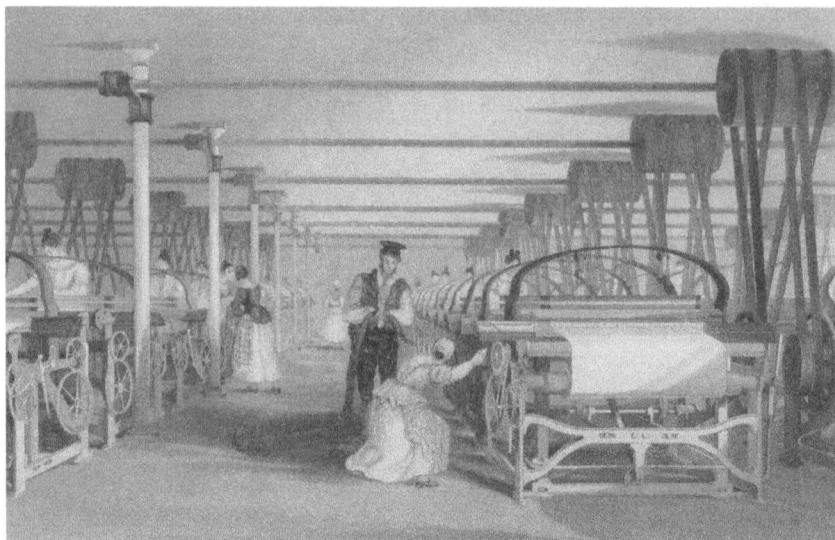

Telar mecánico

El carbón vegetal fue sustituido poco a poco por otra nueva técnica: el mineral de hierro fundido con coque. Esta técnica era menos costosa que el carbón vegetal y producía materiales de mejor calidad. Esto, a su vez, ayudó a Gran Bretaña a expandir sus industrias del hierro y el acero.

Sin embargo, la tecnología que cambió para siempre el panorama de las industrias y tuvo el mayor impacto fue la energía de vapor.

Cuando las minas de carbón, las fábricas y los molinos empezaron a utilizar máquinas de vapor, la producción aumentó espectacularmente, creando nuevas oportunidades para el comercio y el intercambio. La tecnología también facilitó el proceso de extracción del carbón, haciendo más fácil para los mineros cavar hondo y extraer la roca.

La Revolución Industrial tuvo un efecto dominó.

La creciente demanda de carbón provocó la necesidad de renovar el sistema de transporte británico, bastante primitivo. Se estableció una nueva red de canales cerca de las principales vías fluviales y se desarrollaron nuevas técnicas en la construcción de carreteras, aumentando el número de diligencias que viajaban por el país.

A principios del siglo XIX empezaron a utilizarse barcos y locomotoras de vapor, lo que cambió para siempre la forma de transportar mercancías dentro y fuera del país.

El panorama social y económico de Gran Bretaña empezó a transformarse por completo. Los bancos y las entidades financieras empezaron a desempeñar un papel más importante en la sociedad, lo que condujo a la creación de la Bolsa en 1801.

La invención del telégrafo y el teléfono facilitó más que nunca la comunicación con las personas y acercó al mundo, lo que era importante, ya que la gente se volvió más móvil durante la Revolución Industrial. Gran Bretaña experimentó una migración masiva, ya que la gente abandonaba las zonas rurales agrícolas para instalarse en las ciudades en busca de oportunidades laborales.

Ciudades como Liverpool y Manchester empezaron a crecer y prosperar. Debido a ello, los cambios sociales empezaron a tomar forma. Se produjo el ascenso de la clase media y media alta. Bienes y artículos antes inalcanzables para la gran mayoría del público eran ahora fácilmente accesibles. La mejora de los salarios y la asequibilidad de los bienes hicieron que mucha gente disfrutara de una calidad de vida mucho mejor que antes.

Sin embargo, no todos los aspectos de la Revolución Industrial fueron positivos. Empezaron a surgir problemas como las condiciones de trabajo en las fábricas y el trabajo infantil. Las condiciones de vida de los pobres continuaron deteriorándose. En las ciudades había hacinamiento, falta de saneamiento y pésimas condiciones de vivienda.

Los movimientos obreros se formaron para luchar por los derechos de los trabajadores y mejorar la vida de los ciudadanos más pobres. Sus luchas acabaron allanando el camino para la creación de sindicatos. Se aprobaron leyes sobre el trabajo infantil y se establecieron normativas sobre salud pública. Se introdujo el capitalismo moderno, y el mundo tal y como lo conocemos hoy empezó a tomar forma poco a poco.

En resumen, podemos convenir en que la industrialización cambió por completo el modo de vida de Gran Bretaña y tuvo un profundo impacto en la evolución de la sociedad. Transformó la sociedad británica, mayoritariamente agrícola, en una potencia industrial. Estimuló el crecimiento económico con la aparición de industrias como la textil, la minería del carbón y el hierro, y propició un aumento del comercio y generó más ingresos para el país.

La Revolución Industrial tuvo un impacto significativo en el papel y el estatus de Gran Bretaña en el mundo. El país, que ya era un poderoso imperio en aquel momento, contaba ahora con el poder y la fuerza añadidos de la industrialización, lo que le permitía controlar y explotar las colonias aún más que antes.

Industrialización y colonialismo

La industrialización desempeñó un papel importante en la segunda oleada colonizadora de finales del siglo XVIII y el XIX. Ahora que las fábricas estaban en condiciones de producir productos en masa, la demanda de materias primas, la mayor parte de las cuales llegaba de las colonias, se disparó.

Las colonias se vieron presionadas para conseguir estas materias primas. Los productos finales se vendían a menudo a las colonias con grandes beneficios.

El comercio de esclavos siguió siendo parte integrante de este proceso. Prosperó y se perfeccionó durante esta época. En 1860, más de 12,5 millones de africanos habían sido capturados en África y obligados a convertirse en esclavos por los comerciantes ingleses. Luego eran vendidos a los propietarios de plantaciones en Norteamérica y el Caribe.

Como una gran parte de los ingresos generados por el comercio de esclavos se invertía en las industrias británicas, se convirtió en un círculo vicioso en el que la industrialización, el capitalismo, la esclavitud y la colonización estaban unidos.

A través de la industrialización, Gran Bretaña acabó expandiéndose a la India como gobernante a través de la Compañía de las Indias Orientales.

Antes de profundizar en el papel de Gran Bretaña en la India, un acontecimiento importante a destacar es la Ley de Comercio de Esclavos de 1807, por la que el Imperio británico abolió oficialmente el comercio de esclavos. Conocida oficialmente como Ley para la Abolición del Comercio de Esclavos, fue aprobada tras varios intentos fallidos de abolir la esclavitud.

A finales del siglo XVIII, muchos empezaron a cuestionar la ética de la esclavitud. En la década de 1830, los países de Europa y América prohibieron esta práctica. Sin embargo, la práctica continuó e incluso floreció, con los británicos transportando esclavos en barcos que navegaban bajo bandera estadounidense o en buques de Estados Unidos. Alrededor de 1,65 millones de personas fueron objeto de este tráfico ilegal durante el siglo XIX. Los registros históricos indican que la última vez que un barco negrero cruzó el océano Atlántico fue a finales de la década de 1860. Era un barco con destino a Cuba.

Las personas esclavizadas fueron liberadas casi tres décadas después de la aprobación de la ley, en 1838, y los propietarios de esclavos recibieron una compensación por su pérdida. Las reparaciones continuaron pagándose hasta 2015. Sin embargo, no se pagó dinero alguno a quienes habían sido esclavizados.

Control británico en la India

Como ya se ha dicho, la Compañía de las Indias Orientales se creó en el siglo XVII para facilitar el comercio con Gran Bretaña. Era una poderosa corporación que tenía el monopolio del comercio británico, importando bienes como algodón, té y sedas de Oriente.

La compañía ayudó al imperio a extender su influencia y tener el control total de sus colonias. También fue directamente responsable del dominio británico en la India.

Durante siglos, la India había estado gobernada por el Imperio mogol, pero en el siglo XVIII el imperio empezaba a desmoronarse. Las cosas llegaron a un punto crítico durante el reinado de Muhammad Sah, entre 1719 y 1748. Las luchas internas, las rebeliones y las batallas con los marathas, un grupo guerrero de la actual Maharastra (India), condujeron a la fragmentación del Imperio mogol.

Este periodo de inestabilidad y debilidad dificultó la resistencia del imperio ante el creciente poder de la Compañía de las Indias Orientales. La compañía afianzó su presencia y control estableciendo alianzas clave con los gobernantes y militares indios, así como empleando una estrategia de divide y vencerás. Los británicos explotaron las rivalidades y conflictos entre los diferentes grupos, reinos y sectas de la India, asegurándose de que permanecieran divididos.

El punto de inflexión de la colonización británica en la India tuvo lugar tras la batalla de Plassey. Se libró entre el *nabab* de Bengala, Siraj-ud-Daulah, y la Compañía de las Indias Orientales cuando esta intentó seguir expandiéndose por Bengala. Los británicos llevaban tiempo haciéndolo y el *nabab* se negó a que siguieran avanzando. Estaba enfadado porque la compañía se negaba a pagarles impuestos y porque desobedecía abiertamente su autoridad.

La batalla tuvo lugar el 23 de junio de 1757. Siraj-ud-Daulah, pro francés, contaba con el respaldo de Francia. El *nabab* tenía a su disposición un ejército de cincuenta mil hombres y artilleros adicionales enviados por los franceses.

Las fuerzas británicas, dirigidas por Robert Clive, lucharon con saña, abriendo fuego contra el ejército y matando a cientos de personas. Cuando el *nabab* emprendió la retirada, los británicos pudieron capturar fácilmente la artillería francesa. Finalmente ganaron la batalla.

Robert Clive por Nathanial Dance-Holland

La victoria de la compañía marcó el inicio del dominio británico sobre la India, que duraría casi doscientos años. En las décadas siguientes, la Compañía de las Indias Orientales amplió rápidamente sus territorios y su influencia utilizando la fuerza militar, forjando alianzas políticas y recurriendo a la explotación económica. A mediados del siglo XIX, la Compañía de las Indias Orientales tenía el control absoluto de la mayor parte de la India.

Ley Reguladora de 1773

A medida que la Compañía de las Indias Orientales fue adquiriendo más poder político y control en la India, empezaron a surgir preocupaciones por la corrupción y la mala gestión de la empresa. Para regular sus actividades y posesiones, el Parlamento británico aprobó la Ley Reguladora de 1773.

Esta ley estableció varias disposiciones. Algunas de las más importantes son

- Creación del cargo de gobernador general de Bengala. Este cargo recibió autoridad general sobre las actividades de la Compañía de las Indias Orientales, así como el control de las fuerzas militares de la compañía.
- Creación del Consejo Supremo para supervisar las actividades de la compañía. El consejo estaba formado por el gobernador general y otros cuatro miembros.
- Restricción de la capacidad de la compañía para comerciar a voluntad. El propósito de restringir las actividades comerciales era limitar el poder y el alcance de la compañía.
- La ley también prohibía aceptar regalos o sobornos de cualquier persona o dedicarse al comercio personal.

Cada una de estas disposiciones tenía por objeto impedir que la empresa aumentara su poder e influencia. Fue un hito importante, ya que constituyó el primer intento del gobierno británico de frenar a la empresa y controlar sus actividades.

Sin embargo, a pesar de las buenas intenciones del gobierno, la ley tenía defectos. El poder y la autoridad del Consejo Supremo no estaban definidos con claridad, y los informes enviados por el gobernador general no llegaban a ninguna parte.

Continuó la corrupción en la empresa y entre los altos funcionarios.

Ley de la India de 1784

En un intento de corregir los defectos de la Ley Reguladora de 1773, el Parlamento aprobó una nueva legislación en 1784.

Bautizada con el nombre del primer ministro británico, William Pitt, la Ley de la India de Pitt estableció un sistema de «doble control» en la India para separar las actividades comerciales de las cuestiones políticas. Otorgaba al gobierno británico el control sobre las actividades y la administración de la Compañía de las Indias Orientales en la India. Se concedió al gobierno poder de veto, así como derechos sobre las transacciones financieras de la compañía. La ley también pretendía ampliar el comercio imponiendo menos restricciones a las mercancías indias importadas a Gran Bretaña.

Se crearon dos consejos para garantizar el cumplimiento de las disposiciones de la nueva ley: el Consejo de Control, que representaba al gobierno británico, y el Tribunal de Directores, que representaba a la compañía.

El Consejo de Control se encargaba de supervisar y controlar las políticas de la compañía, mientras que el Tribunal de Directores debía supervisar las operaciones comerciales de la compañía.

La ley de Pitt supuso una enorme mejora con respecto a la anterior, y tuvo mucho más éxito. Sin embargo, los problemas seguían existiendo.

Ley de la Carta de 1813

En 1813 se produjo un tercer intento de abordar los problemas de la Compañía de las Indias Orientales con la aprobación de la Ley de la Carta. Esta ley tendría un impacto significativo en el comercio y la educación.

En virtud de esta ley, la autoridad de la Compañía de las Indias Orientales en la India se prorrogó durante otras dos décadas; sin embargo, se eliminó su monopolio comercial, con la única excepción de los bienes comerciados con China, como el té y el opio. El resto del comercio en la India se abrió a todos los súbditos británicos.

También consolidó la soberanía de la monarquía británica sobre la India y reforzó el poder de los tribunales indios y los gobiernos provinciales.

Cuando se aprobó la Ley de la Carta, se concedió una asignación anual de 100.000 rupias (el equivalente a 1.200 dólares estadounidenses) para mejorar la educación y la alfabetización en la India. Por primera vez se promulgó una ley que otorgaba a los indios el derecho a la educación.

En el pasado, tanto la Compañía de las Indias Orientales como el Parlamento británico se habían opuesto a la idea de exponer religiones extranjeras a los indios. Se prohibió a los misioneros entrar en el país para impulsar ideas religiosas. Se temía que la población nativa se sintiera amenazada por las conversiones, lo que habría sido perjudicial para las actividades comerciales de Gran Bretaña.

Cuando se aprobó la ley, llegaron a la India grandes grupos de misioneros que establecieron escuelas e instituciones educativas. Muchas de estas escuelas inglesas sentaron las bases del sistema educativo moderno de la India.

Rebelión india de 1857

La rebelión de la India suele denominarse primera guerra de Independencia de la India o motín de los cipayos. La revuelta contra los británicos, que comenzó el 10 de mayo de 1857 y terminó más de dos años después, el 8 de julio de 1859, contó con un amplio apoyo, pero no tuvo éxito.

Las tensiones entre India y Gran Bretaña llevaban tiempo latentes. A medida que Gran Bretaña se atrincheraba cada vez más en todos los aspectos de la India, la población nativa se mostraba inquieta y resentida. Estaban enfadados por estar sometidos al dominio británico, molestos por los impuestos y cansados de que sus trabajadores, agricultores y artesanos fueran explotados en beneficio de los británicos.

Las diferencias culturales y religiosas también se estaban convirtiendo en motivo de frustración, ya que los indios temían que sus creencias y prácticas se vieran amenazadas. Los principados hindúes y la clase aristocrática india estaban siendo sustituidos por blancos británicos. Se otorgaban puestos de privilegio a los británicos, se anexionaban y arrebataban tierras, y existía la sensación general de que los británicos se estaban apoderando de todo.

El resentimiento llegó a su punto álgido cuando los británicos introdujeron un nuevo cartucho de rifle para los cipayos (soldados indios reclutados localmente para formar parte del ejército británico). Fueron armados y entrenados como soldados europeos y lucharon en batallones. Sin embargo, no se les trataba con el mismo respeto y dignidad que a los soldados blancos. Los cipayos estaban mal pagados y sobrecargados de trabajo. Sufrían a diario los abusos y el racismo de los británicos.

Cuando se fabricaron los nuevos cartuchos, corrió el rumor de que estaban engrasados con grasa de vaca y cerdo, lo que ofendió a la mayoría de la población nativa. Para los hindúes, la vaca es un animal sagrado, y el islam considera que el cerdo es un animal impuro.

Cuando salieron los nuevos fusiles, se les dijo que los cargaran mordiendo los extremos del cartucho con los dientes, lo que no podían hacer, ya que ponerse grasa de cerdo y vaca en la boca iba en contra de sus creencias religiosas. Esto les parecía inaceptable e irrespetuoso. Así, los cartuchos se convirtieron en el punto de inflexión que desencadenó una rebelión, a pesar de que no ha aparecido ninguna prueba de que los británicos utilizaran grasa animal para engrasarlos.

En abril de 1857, los cipayos destinados en Meerut se negaron a utilizar los nuevos cartuchos. Fueron llevados con grilletes y condenados a largas penas de prisión. El 10 de mayo, otros cipayos, enfadados por esta injusticia, se unieron. Se rebelaron contra los oficiales británicos abriendo fuego contra ellos y se dirigieron a Delhi.

Revuelta de los cipayos en Meerut de Illustrated London News, 1857
https://commons.wikimedia.org/wiki/File:The_Sepoy_revolt_at_Meerut.jpg

Delhi no tenía tropas europeas, por lo que fue más fácil unir fuerzas con los hombres de Meerut y tomar la ciudad. En un día, el emperador mogol Bahadur Sah II fue restaurado en el poder. La rebelión se extendió rápidamente a otras partes del norte de la India. Por desgracia para los amotinados, la mayoría de los príncipes y otros líderes indios se mantuvieron al margen del motín.

Los británicos actuaron con rapidez y eficacia para sofocar el motín. Fue una rebelión despiadada y sangrienta. Los amotinados masacraron a los británicos, y estos mataron a los cipayos a bayonetazos o los fusilaron con cañones.

Se calcula que unos seis mil británicos murieron durante el motín. La cifra en el bando indio es mucho mayor: se calcula que murieron 800.000 personas.

Aunque la India perdió la rebelión, provocó una importante reorganización de la gestión de la India. Se abolió el dominio de la Compañía de las Indias Orientales y el control del país se transfirió directamente al gobierno británico. Se tomó la decisión consciente de incluir a los indios en las consultas y de comunicarse más con ellos en las decisiones importantes. En 1861 se creó un nuevo consejo con más representación india para sustituir al anterior, formado exclusivamente por europeos blancos.

Los británicos también dieron marcha atrás en muchas de las medidas sociales que habían impuesto y que los indios habían considerado molestas. Pero, aunque los británicos intentaron ser más «abiertos», se volvieron más controladores y opresivos porque querían evitar otra rebelión.

La sociedad india empezó a darse cuenta de que nunca podría recuperar un pasado sin la influencia británica. La estructura social de la India empezó a experimentar un cambio con la aparición de una clase occidentalizada.

Sin embargo, el fracaso de la rebelión fue también un importante punto de inflexión para el nacionalismo indio, y el deseo de ser libres empezó a hacerse aún más fuerte.

Ley del Gobierno de la India de 1858

En respuesta al motín de los cipayos, en 1858 se aprobó la Ley del Gobierno de la India. Esta ley puso fin al poder y al dominio de la Compañía de las Indias Orientales en la India, otorgando el control directo del país a la Corona británica. En virtud de esta ley se creó un nuevo cargo: el secretario de Estado para la India. Este cargo dependía directamente del Parlamento británico y se encargaba de la administración de la India.

Se encomendó a un consejo de asesores la responsabilidad de aconsejar al secretario sobre lo que ocurría en la India.

La estructura política de la India también se remodeló con la ley. El país se dividió en provincias, cada una dirigida por un gobernador. Las provincias se dividieron a su vez en distritos, con un oficial de distrito a la cabeza.

Se introdujeron en la India nuevas leyes y reglamentos acordes con los valores y normas británicos. El objetivo era modernizar el país y hacerlo más «occidental».

Sin duda, la ley y el derrocamiento de la Compañía de las Indias Orientales mejoraron algunos aspectos en la India. Sin embargo, la explotación de los recursos y la opresión de la población siguieron aumentando mientras Gran Bretaña se esforzaba por mantener el control absoluto del país y su población.

Para conseguirlo, el gobierno británico enfrentó a hindúes y musulmanes e intentó separarlos físicamente en 1905 dividiendo Bengala en secciones musulmanas e hindúes. La medida fue revocada tras las protestas de ambas partes.

Raj británico

Cuando terminó la rebelión y Gran Bretaña se convirtió en gobernante directo de la India, surgió un nuevo periodo conocido como el Raj británico. Este periodo duró de 1858 a 1947, y durante él la India estuvo sometida al dominio, gobierno y administración británicos.

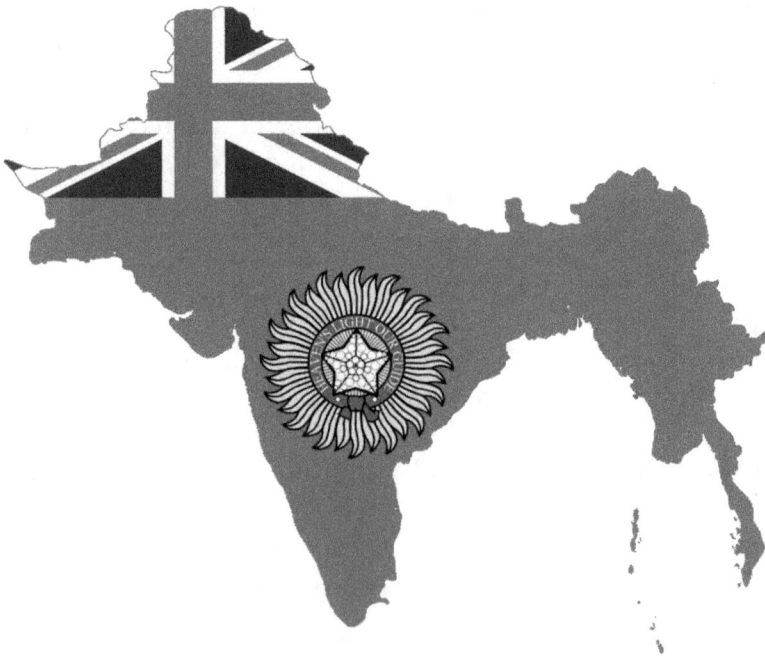

Bandera del Raj Británico
DrRandomFactor, CC BY-SA 3.0 <https://creativecommons.org/licenses/by-sa/3.0>, vía Wikimedia Commons;
https://commons.wikimedia.org/wiki/File:Flag_Map_of_British_Raj_%28India%29.png

El objetivo del Raj británico era garantizar que los indios pudieran participar en el gobierno de su propio país, pero la realidad era que los indios eran en su mayoría impotentes para determinar cualquier cosa sobre su futuro. Las más altas posiciones de poder estaban en manos de funcionarios británicos. Por ejemplo, el virrey de la India, que era el jefe del gobierno colonial, era nombrado por el monarca británico.

Bajo el Raj británico, se estableció un sistema de gobierno indirecto en el que se permitía a los príncipes indios y a los gobernantes locales gobernar sus propios territorios siempre que prometieran lealtad a la Corona británica. Pero a menudo se trataba de un gobierno «superficial», ya que los dirigentes indios solían tener muy poco poder y debían acatar lo que quisieran los funcionarios británicos.

Durante esta época, la India experimentó cambios significativos, tanto positivos como negativos. Gracias al dominio británico, la India conoció la tecnología moderna, un mejor sistema educativo y mejores infraestructuras, todo lo cual contribuyó a modernizar el país.

Se introdujo el inglés como lengua de educación y gobierno, lo que ayudó a unificar el país y a establecer una lengua común de comunicación. Esto fue clave, ya que India llegó a tener 179 lenguas diferentes y 544 dialectos. Muchas de esas lenguas y dialectos han desaparecido. Hoy, India tiene más de cuatrocientas lenguas y dialectos.

También hubo muchos aspectos negativos. El Raj británico se caracterizó por la explotación y la opresión. Se impusieron fuertes impuestos a la población india sin preocuparse por su bienestar económico. Esto provocó pobreza, hambruna y penurias en todas partes. Los británicos también crearon muchos problemas entre los diferentes grupos étnicos y religiosos para mantener su control de la región.

Durante este periodo surgió una nueva clase: personas que crecieron con los valores y las ideas occidentales, hablaban inglés con fluidez y recibieron una educación occidental. Muchas de estas personas estaban decididas a conseguir la independencia para su país y llegarían a desempeñar un papel importante en la política india y a dar forma a la India moderna.

Tras años de lucha de los nacionalistas y los movimientos independentistas, India obtuvo finalmente su independencia el 15 de agosto de 1947, poniendo fin oficialmente al Raj británico.

El reparto de África

A finales del siglo XIX, cuando el Imperio británico empezaba a resquebrajarse, se inició el reparto de África.

Potencias europeas como Francia, Alemania, Italia, Portugal, España y Gran Bretaña se enzarzaron de nuevo en una furiosa carrera por reclamar y colonizar la mayor parte posible de África.

Esta lucha también se conoce como la carrera por África, lucha por África o conquista de África.

El objetivo de las potencias europeas era expandir su influencia por el continente africano y ganar más territorios. La mayoría de las veces, estas conquistas se lograban mediante la fuerza militar.

La división del continente se formalizó mediante la Conferencia de Berlín de 1884-1885, también conocida como la Conferencia del Congo. Durante esta conferencia, las potencias coloniales europeas se reunieron en Berlín con un objetivo: resolver las reivindicaciones territoriales en África.

Conferencia de Berlín - 1884
https://commons.wikimedia.org/wiki/File:Kongokonferenz.jpg

Las potencias europeas tenían que demostrar que controlaban los territorios que habían reclamado para legitimar su propiedad. Al final de la reunión, África había quedado dividida entre catorce naciones europeas.

Acordaron las reglas del reparto, así como las normas sobre comercio y colonización. Durante la conferencia también se reconoció la soberanía del Estado Libre del Congo, que había estado bajo el dominio del rey Leopoldo II de Bélgica.

La partición de África y la pugna de Europa por una porción del continente tendrían repercusiones a largo plazo para el pueblo africano. Las potencias coloniales destruyeron su modo de vida, su cultura y sus valores étnicos. Sus recursos fueron esquilmados y sus riquezas robadas.

El saqueo y la explotación de las potencias europeas crearon una división y sumieron a los países africanos en siglos de conflictos, pobreza e inestabilidad.

En la actualidad, diecinueve países africanos siguen formando parte de la Commonwealth británica: Botsuana, Camerún, Ghana, Kenia, Lesoto, Malawi, Mauricio, Mozambique, Namibia, Nigeria, República Unida de Tanzania, Ruanda, Seychelles, Sierra Leona, Sudáfrica, Suazilandia, Uganda y Zambia. Con el fallecimiento de la reina Isabel II y la coronación de Carlos III como rey, existe en estos países un movimiento y un deseo creciente de alejarse de la monarquía y convertirse en repúblicas.

Capítulo 7: El Imperio durante las guerras mundiales

Primera Guerra Mundial

El 28 de julio de 1914, cuando estalló la Primera Guerra Mundial, Gran Bretaña era una potencia a tener en cuenta, tanto en Europa como en el resto del mundo. Una cuarta parte del mundo estaba bajo su dominio. Gran Bretaña tenía una armada poderosa y dominante, una fuerza militar impresionante y una economía fuerte y estable. En todos los sentidos, Gran Bretaña era considerada la mayor y más poderosa potencia mundial.

Inicialmente, el papel de Gran Bretaña en la Primera Guerra Mundial fue limitado. Los británicos solo estaban allí para proporcionar apoyo a Francia y Rusia mientras luchaban contra Alemania. Como Estados Unidos seguía practicando su política de aislacionismo, no se implicó, por lo que Gran Bretaña tuvo que intervenir para desempeñar el papel de protector. A medida que la guerra se intensificaba, el papel de la nación pasó de ser de apoyo a líder, y Gran Bretaña desempeñó un papel crucial en la victoria aliada contra las Potencias Centrales.

Una de las contribuciones más significativas de Gran Bretaña al esfuerzo bélico fue su impresionante armada. Fue decisiva para bloquear a Alemania e impedir que el país pudiera transportar suministros y tropas, críticas para su campaña. Esto debilitó significativamente la posición de Alemania y obstaculizó sus esfuerzos bélicos.

HMS *Satyr*, que sirvió durante la Primera Guerra Mundial
https://en.wikipedia.org/wiki/File:HMS_Satyr_1916.jpg

Las tropas británicas también desempeñaron un papel vital en el frente occidental. Sus tanques, armas, artillería, estrategias militares y comandantes contribuyeron al éxito aliado en las trincheras contra los alemanes.

El esfuerzo bélico se vio favorecido por la fortaleza de la economía británica. Durante la guerra, la producción industrial de la nación aumentó rápidamente, con fábricas que producían municiones, armas y otros suministros cruciales para la guerra. Cuando los hombres fueron a luchar a la guerra, las mujeres asumieron funciones tradicionalmente masculinas, lo que permitió que la economía prosperara.

Acuerdo Sykes-Picot

Históricamente, Gran Bretaña y Francia nunca habían sido amigas. A lo largo de los siglos, mantuvieron una relación turbulenta, unas veces librando guerras y robándose territorios, y otras manteniendo una fría indiferencia mutua.

Sin embargo, cuando estalló la Primera Guerra Mundial, Gran Bretaña se convirtió en uno de los aliados más importantes de Francia. Los dos se dieron cuenta de que necesitaban estar unidos si querían derrotar a las Potencias Centrales, formadas principalmente por Alemania, Austria-Hungría y el Imperio otomano.

Francia y Gran Bretaña se convirtieron en aliados tan fuertes que incluso redactaron un acuerdo secreto para repartirse Oriente Próximo una vez terminada la guerra. El Acuerdo Sykes-Picot debe su nombre a los dos diplomáticos que negociaron los términos del tratado.

Antes de que se redactara el tratado, durante el verano de 1914, se celebraron numerosas discusiones sobre el Imperio otomano, principalmente sobre qué pasaría con el territorio una vez que Alemania y sus aliados fueran derrotados. Tras muchas discusiones, en 1915 se firmó un acuerdo secreto con Rusia, por el que se concedería a Rusia Constantinopla, la capital del Imperio otomano.

Un año después, el 19 de mayo de 1916, se redactó el Acuerdo Sykes-Picot. Según el acuerdo, tanto Gran Bretaña como Francia recibirían partes de Oriente Próximo, colocándolas bajo sus esferas de influencia. La mayor parte de la actual Siria y Líbano serían entregados a Francia, mientras que Gran Bretaña recibiría Irak, Jordania y Kuwait. Se estableció una zona designada de control internacional, que incluía Palestina.

Correspondería a cada país decidir cómo deseaba gobernar o administrar sus regiones. Los países también acordaron que el comercio y el paso fluirían libremente entre sus esferas.

No se tuvo en cuenta el nacionalismo árabe en estas discusiones. De hecho, este acuerdo iba en contra de las promesas hechas por Gran Bretaña a los árabes de concederles la autodeterminación y la independencia a cambio de su apoyo contra los otomanos.

En 1917, el acuerdo se filtró y tanto Francia como Gran Bretaña se enfrentaron a gran número críticas del mundo árabe. Sin embargo, el acuerdo siguió adelante y condujo al trazado de nuevas fronteras del territorio del derrotado Imperio otomano, creando el actual Oriente Próximo.

Los árabes, que se sintieron traicionados por el acuerdo, empezaron a exigir la independencia. Desde entonces, la inestabilidad y los conflictos han asolado las naciones árabes. Muchos de los problemas y batallas actuales en Oriente Próximo, especialmente entre Israel y Palestina, tienen su origen en el Acuerdo Sykes-Picot.

Gran Bretaña y las potencias aliadas

Además de la alianza con Francia, Gran Bretaña también desarrolló alianzas clave con Rusia e Italia. Desde el punto de vista geográfico, Rusia se encontraba en el extremo opuesto del continente, pero estaba perfectamente posicionada para proporcionar un amortiguador contra Alemania en el frente oriental.

Italia había firmado inicialmente un pacto con Alemania y Austria-Hungría, conocido como la Triple Alianza, pero cuando comenzó la guerra, Italia decidió jugar a la espera y se mantuvo neutral.

Un año más tarde, en 1915, Gran Bretaña consiguió convencer a Italia de que apoyara el esfuerzo aliado ofreciéndole territorios en el mar Adriático, como Tirol, Trieste e Istria. Con este acuerdo, Italia entró en la guerra en el bando Aliado.

Tras años de apoyo financiero y militar a los Aliados, Estados Unidos declaró formalmente la guerra a las Potencias Centrales en 1917.

Crear una alianza con estos países y aunar recursos y estrategias militares fue clave para la victoria aliada en la Primera Guerra Mundial.

El Imperio británico y la guerra

La Primera Guerra Mundial no fue solo un conflicto europeo; fue una guerra global que afectó a casi todos los rincones del mundo.

La mayoría de las potencias europeas que luchaban en la guerra tenían colonias y territorios lejanos bajo su dominio, y recurrieron a estas colonias para ayudar en el esfuerzo bélico.

El Imperio británico era enorme en aquella época, y pudo reclutar soldados de Norteamérica, Australia, Europa, África y Asia (¡eso son cinco de los siete continentes!). En total, aproximadamente dos millones y medio de hombres fueron enviados desde las colonias para luchar con los británicos. Países como Bangladesh, Sudáfrica, Zimbabue, Canadá y Australia enviaron soldados.

Batalla del Somme, en la que participaron tropas de Canadá
https://commons.wikimedia.org/wiki/File:Wiltshire_Regiment_Thiepval_7_August_1916.jpg

Aparte de la enorme cantidad de fuerza humana que Gran Bretaña pudo reunir, el esfuerzo bélico también se vio favorecido por la abundancia de recursos extraídos de las colonias. Por ejemplo, Canadá fue un importante productor de alimentos y madera para los Aliados, mientras que la India proporcionó a las tropas materias primas como algodón y té. Nueva Zelanda y Australia los abastecieron de carne y lana. Estas colonias también prestaron apoyo naval a los británicos, enviando contingentes a servir en el Mediterráneo y el mar del Norte.

Las colonias también se utilizaron para hacer circular propaganda, que destacaba la causa aliada y dejaba claro quién era el verdadero villano. Carteles, películas y otros medios de comunicación animaban a la gente a apoyar la guerra, justificaban por qué se necesitaban recursos y materiales, y ayudaban a reclutar soldados.

No cabe duda de que la guerra habría sido más difícil de ganar (si acaso) sin el apoyo, la ayuda y la fuerza de las colonias. Hay que destacar la habilidad de Gran Bretaña para unir a las colonias a la causa aliada porque no fue una hazaña pequeña. La misma hazaña se logró durante la Segunda Guerra Mundial, de la que hablaremos más adelante.

El periodo de entreguerras

Una vez finalizada la Primera Guerra Mundial, siguió un periodo conocido como el *interbellum* o periodo de entreguerras.

Se produjeron importantes cambios políticos, económicos y sociales en todo el mundo. Nada era como antes de julio de 1914, y cada uno de estos cambios fue minando poco a poco el poder y la fuerza del Imperio británico.

La guerra también había dejado el mundo en ruinas, provocando un deseo general de paz y estabilidad, incluso cuando surgieron ideologías y movimientos políticos como el fascismo, el comunismo y el nazismo.

El malestar social se vio exacerbado por la Gran Depresión de los años treinta, que proporcionó el escenario perfecto para que surgieran regímenes autoritarios en varios países del mundo.

Los esfuerzos de mantenimiento de la paz de los países aliados pronto empezaron a desmoronarse en medio de tensiones crecientes y conflictos mezquinos, desencadenando finalmente la Segunda Guerra Mundial.

El Tratado de Versalles

El Tratado de Versalles, firmado el 28 de junio de 1919, puso fin formalmente a la Primera Guerra Mundial. Los términos de la paz fueron redactados y negociados por los Aliados vencedores, y Gran Bretaña desempeñó un papel clave en la redacción del tratado final.

Los tres principales responsables del tratado fueron el primer ministro británico David Lloyd George, el primer ministro francés Georges Clemenceau y el presidente estadounidense Woodrow Wilson. Vittorio Emanuele Orlando, de Italia, también estuvo presente. Juntos, estos hombres son conocidos como los «cuatro grandes».

Los cuatro grandes en la Conferencia de Paz de París, mayo de 1919
https://commons.wikimedia.org/wiki/File:Big_four.jpg

Los principales objetivos de Gran Bretaña durante las negociaciones del tratado eran proteger sus colonias e intereses imperiales, mantener el equilibrio de poder en Europa y castigar a Alemania de tal forma que nunca más se atreviera a repetir sus acciones pasadas.

Los términos del tratado incluían lo siguiente:

- Alemania tenía que reducir drásticamente su ejército a 100.000 hombres. Todos los hombres debían ser voluntarios, ya que el reclutamiento estaba prohibido. También se prohibieron los tanques, submarinos y aviones. Los alemanes solo podían conservar seis acorazados, seis cruceros ligeros y doce destructores. Básicamente, los Aliados querían eliminar a Alemania como amenaza militar.

- Alemania se vio obligada a aceptar toda la responsabilidad de la guerra y tuvo que pagar enormes sumas de dinero en concepto de reparaciones a los Aliados, principalmente a Francia y Bélgica. Ambas disposiciones supusieron un duro golpe para el orgullo del país.

- Alemania tuvo que ceder territorios a los Aliados.

- El tratado incluía una disposición para crear la Sociedad de Naciones. Se trataba de una organización internacional encargada de promover la cooperación entre las naciones y sofocar los conflictos pacíficamente antes de que pudieran agravarse.

Como era de esperar, a Alemania no le gustaron los términos del tratado, pero se vio imposibilitada de argumentar en su contra. La ira y el resentimiento de Alemania por el tratado se mantendrían durante las décadas siguientes e, irónicamente, el tratado se convertiría en uno de los factores que contribuyeron a la Segunda Guerra Mundial.

Una Mancomunidad de Naciones

Durante el periodo de entreguerras, muchas colonias británicas empezaron a buscar más autonomía y desearon la soberanía. Incapaces o reacias a cortar completamente los lazos con Gran Bretaña, varias antiguas colonias se unieron para establecer una asociación en 1931. Se autodenominaron Mancomunidad de Naciones (en inglés, *Commonwealth of Nations*).

Eran Estados independientes que reconocían a la monarquía británica como su cabeza simbólica y decidieron desarrollar lazos de amistad y cooperación entre sí. La participación era puramente voluntaria.

Uno de los rasgos clave de la Commonwealth británica era que cada miembro era tratado como un igual. El tamaño o el nivel de desarrollo de la nación no importaban; todos estaban en pie de igualdad. Esto suponía un cambio significativo respecto a la relación imperial que cada Estado miembro había mantenido con Gran Bretaña.

A diferencia de otros organismos internacionales, los miembros tampoco estaban vinculados entre sí de manera legal o formal a través de una constitución o unos estatutos.

Países como Canadá, Australia, Sudáfrica y Gran Bretaña fueron los primeros miembros de la Commonwealth. En los años y décadas siguientes, más países, como India, Ghana, Sierra Leona, Singapur y Barbados, se unieron a la Commonwealth.

La asociación se convirtió en un importante foro de cooperación diplomática y económica entre los Estados miembros. Aunque la influencia británica seguía siendo fuerte, por primera vez estos países disponían de una plataforma para expresar sus propias preocupaciones y considerar sus propios intereses.

A través de la Commonwealth británica se desarrollaron otras instituciones como la Secretaría de la Commonwealth y los Juegos de la Commonwealth, concebidos para fomentar la cooperación y los lazos de amistad entre los estados miembros.

Desde la creación de la Mancomunidad, los Estados miembros se han enfrentado a numerosos retos. Ha habido tensiones, desacuerdos y diferencias de opinión fundamentales. Sin embargo, han conseguido superarlas y siguen desempeñando un papel importante en la política internacional actual.

En las últimas nueve décadas, muchos países que buscaban la independencia total han abandonado la Commonwealth. Otros, como Barbados, se convirtieron en una república dentro de la Commonwealth. Hoy, 56 países forman la Commonwealth.

Partición del Imperio otomano

Durante siglos, el Imperio otomano había sido una fuerza poderosa en Oriente Próximo y el suroeste de Europa, pero a principios del siglo XX, el imperio estaba en declive.

Durante la Primera Guerra Mundial, el Imperio otomano tomó la decisión de ponerse del lado de Alemania y las Potencias Centrales. Cuando fueron derrotados, los Aliados estudiaron cómo repartirse el territorio del Imperio otomano. Esto daría inicio al dominio e influencia de Occidente en la región.

La partición y el nuevo trazado de las fronteras políticas del Imperio otomano se formalizaron mediante una serie de tratados, entre ellos el Tratado de Sèvres y el Tratado de Lausana.

Gran Bretaña desempeñó un papel clave en las negociaciones que condujeron a la división del imperio. En virtud del Tratado de Sèvres, firmado el 10 de agosto de 1920, el Imperio otomano fue desarmado, sometido a duras reparaciones y tuvo que renunciar a territorios.

Se redibujaron las fronteras políticas y se crearon nuevos estados, como Siria, Líbano, Irak y Jordania.

Treaty of Sèvres

Mapa según el Tratado de Sèvres

Las fuerzas nacionalistas de Turquía, lideradas por el militar Mustafa Kemal Pasha (más tarde conocido como Atatürk), se negaron a aceptar el tratado y lanzaron un movimiento de resistencia contra las potencias aliadas. Esta resistencia desembocó en la guerra de Independencia turca y la creación de la Turquía actual, con Atatürk como presidente.

Dado que el Tratado de Sèvres nunca fue ratificado y fracasó en su objetivo, se redactó un nuevo tratado: el Tratado de Lausana. Este acuerdo de paz fue firmado el 24 de julio de 1923 por Turquía, que se convirtió en la sucesora del Imperio otomano, y las potencias aliadas, poniendo fin a la guerra de Independencia turca y reconociendo al país como una nación soberana y democrática. También incluía disposiciones para proteger los derechos de las minorías cristianas griegas que vivían en Turquía y los grupos minoritarios musulmanes que vivían en Grecia.

A cambio, Turquía reconocía que Chipre era una posesión británica y renunciaba a sus reclamaciones sobre las islas del Dodecaneso, que Italia había ocupado durante la guerra ítalo-turca de 1912. En 1919 y 1920 se produjeron discusiones entre Italia y Grecia sobre la cesión de estas islas. Sin embargo, debido a la guerra entre Grecia y Turquía, que duró de 1912 a 1922, el acuerdo nunca se formalizó. En 1923, las islas fueron anexionadas formalmente por Italia en lugar de pasar a Grecia.

Fronteras de Turquía basadas en el Tratado de Lausana
https://commons.wikimedia.org/wiki/File:Turkey-Greece-Bulgaria_on_Treaty_of_Lausanne.png

Aunque la partición dio a Gran Bretaña un control significativo sobre Oriente Próximo, proporcionando al país nuevas oportunidades estratégicas y económicas, también trajo consigo muchos problemas, ya que Gran Bretaña luchaba por mantener la estabilidad en la región mientras perseguía sus propios intereses imperiales.

Las nuevas fronteras causaron muchos problemas, ya que no tenían en cuenta factores clave como la etnia, la religión o la cultura de las personas que vivían dentro de ellas. La población se oponía a estar bajo dominio británico, y el fuerte deseo de independencia provocó el surgimiento de movimientos nacionalistas árabes.

Palestina resultó ser una región especialmente problemática para Gran Bretaña. En 1917, bajo los términos de la Declaración Balfour, Gran Bretaña prometió al pueblo judío una patria en territorio palestino a cambio de apoyo durante la Primera Guerra Mundial.

No está claro cómo esperaba Gran Bretaña gestionar que dos naciones compartieran un territorio que era sagrado tanto para musulmanes como para judíos, pero las tensiones y conflictos entre ambas naciones comenzaron poco después. En 1948, el dominio británico en Palestina terminó oficialmente, y las tensiones con Israel, que se había creado el 14 de mayo de 1948, se intensificaron rápidamente.

A lo largo de las décadas, Palestina se ha ido reduciendo, con Israel ocupando cada vez más territorio. Las naciones occidentales, principalmente Estados Unidos, han intentado encontrar una solución amistosa sin éxito. Las naciones occidentales pasan por alto en gran medida el conflicto, y la mayoría apoya y reconoce a Israel como nación independiente. También hay países que se niegan a aceptar la existencia de Israel, sobre todo en el mundo árabe, por cómo se creó y el impacto que ha tenido en Palestina y otros países árabes.

Es imposible saber si la interferencia británica y aliada en Oriente Medio empeoró o mejoró las cosas para los árabes. Lo que sí sabemos definitivamente es que hacerse con el control de Oriente Próximo, rico en recursos naturales, concretamente petróleo, ha sido enormemente beneficioso para muchas naciones occidentales. También sabemos que la región está plagada de interminables conflictos, inestabilidad y guerras, la mayoría de los cuales tienen su origen en los tratados y acuerdos elaborados por las naciones occidentales.

Segunda Guerra Mundial

El papel de Gran Bretaña

La posición de Gran Bretaña, tanto a nivel internacional como nacional, se vio profundamente afectada por la guerra. La amenaza de Hitler había comenzado varios años antes del inicio oficial de la Segunda Guerra Mundial. Cada vez estaba más claro para el mundo que Hitler estaba dando pasos estratégicos hacia un objetivo final desconocido. Pero desesperados por evitar otra guerra, la mayoría de los países hicieron la vista gorda a sus movimientos.

Adolf Hitler, 1933

Sin embargo, cuando Alemania invadió Polonia el 1 de septiembre de 1939, tanto Gran Bretaña como Francia declararon la guerra a Alemania dos días después.

Hitler actuó con rapidez, derrotando e invadiendo un país tras otro. En el verano de 1940, había invadido Polonia, Noruega, Dinamarca, Bélgica y los Países Bajos.

En mayo de 1940, dirigió su atención hacia Francia.

Una vez que Francia fue derrotada e invadida por los nazis, Gran Bretaña, apoyada por sus colonias, tuvo que hacer frente a Alemania casi sola, ya que aliados clave como Rusia y Estados Unidos se unieron a la guerra más tarde.

No obstante, Gran Bretaña realizó una formidable labor para intentar frenar los avances de Hitler. El primer ministro Winston Churchill, en particular, fue una pieza clave durante la guerra, guiando al país a través de un periodo extremadamente oscuro.

Mucho antes de que estallara la guerra, Winston Churchill tenía los ojos puestos en Hitler, y advirtió al mundo de que los nazis podían llegar a ser extremadamente peligrosos para Europa. Consciente de que podía estallar una guerra, empezó a preparar encubiertamente a Gran Bretaña para ello.

Cuando estalló la guerra, demostró un liderazgo increíble. Inspiró y movilizó al pueblo británico, estableció alianzas con otras potencias y participó activamente en campañas militares estratégicas, como el desembarco del Día D y la campaña en África del Norte.

Churchill también fue un firme defensor del uso de bombas contra Alemania y animó a la Real Fuerza Aérea británica a aumentar los bombardeos sobre ciudades alemanas.

Bajo su dirección y liderazgo, Churchill unió a los diversos políticos y grupos políticos para derrotar a su enemigo común, la Alemania nazi.

Winston Churchill y su contribución a la guerra se tratan con más detalle en el capítulo 9.

La batalla de Inglaterra

Cuando Hitler pensó en invadir Gran Bretaña, ya había conquistado gran parte de Europa. Gran Bretaña era la última pieza que se interponía entre él y el dominio de todo el continente. Como preludio a la invasión, quería diezmar a la Royal Fuerza Aérea (RAF).

El 10 de julio de 1940, la *Luftwaffe* alemana lanzó una serie de ataques contra Gran Bretaña. La RAF respondió con sus propios cazas.

La avanzada tecnología de radar y la inteligencia británica fueron ventajas clave que utilizaron para rechazar exitosamente a la *Luftwaffe*.

Alemania llevó a cabo una serie de bombardeos selectivos conocidos como *Blitz*. Los bombardeos arrasaron ciudades y mataron a decenas de miles de personas, pero los británicos no se rindieron.

La *Luftwaffe* alemana sobrevolando el este de Londres

En otoño de 1940, Hitler se vio obligado a enfrentarse a la realidad. La *Luftwaffe* había fracasado en su intento de hacerse con el control del espacio aéreo británico. Pero en lugar de admitir la derrota, decidió posponer la invasión de Gran Bretaña y avanzar hacia el este, hacia Rusia.

La batalla de Inglaterra, como llegó a conocerse, se consideró un punto de inflexión crucial en la guerra y demostró la resistencia, determinación y fuerza militar de Gran Bretaña. Los británicos se habían enfrentado solos al enemigo y lo habían derrotado. A pesar de que Gran

Bretaña no contaba con el apoyo formal de ninguna nación durante la batalla, un número significativo de pilotos de la RAF se ofrecieron voluntariamente para servir y habían sido reclutados en colonias británicas como Australia y Canadá.

Impacto de la Segunda Guerra Mundial en Gran Bretaña

Cuando comenzó la guerra, Gran Bretaña asumió el papel de líder y protector. Se enfrentó sin miedo a los nazis. Las fuerzas armadas británicas eran la envidia del mundo, pero cuando terminó la guerra, la historia era diferente.

El Imperio británico llevaba ya algún tiempo en dificultades. La Segunda Guerra Mundial se convirtió en el momento decisivo de la historia en el que el imperio empezó a declinar en serio. Los días de dominio imperial británico habían quedado atrás.

Durante la guerra, las naciones aliadas solo tenían un objetivo en mente: derrotar a los nazis. Nada más importaba. Los países pusieron prácticamente todo lo que tenían para lograr este objetivo.

Cuando la guerra terminó finalmente el 2 de septiembre de 1945, y el polvo se hubo asentado, se reveló el precio real de la guerra.

Dresde tras un bombardeo durante la Segunda Guerra Mundial

Para Gran Bretaña, la victoria aliada se vio ensombrecida por los retos a los que se enfrentaba en casa. La guerra había paralizado la economía británica y el país estaba muy endeudado. La escasez de mano de obra capacitada hizo mucho más difícil la tarea de reconstruir las infraestructuras británicas devastadas por la guerra.

Cientos y miles de soldados y civiles perdieron la vida. Las ciudades habían sido destruidas por las bombas y el país sufría escasez de todo tipo de productos, desde alimentos hasta artículos de primera necesidad.

Para hacer frente a algunos de estos problemas, el gobierno impulsó una serie de políticas para estimular el crecimiento económico. Entre ellas figuraban la nacionalización de industrias clave y la participación en el Plan Marshall. El Plan Marshall era un programa de ayuda económica diseñado por Estados Unidos. En virtud de este plan, Estados Unidos concedió subvenciones, préstamos y otras ayudas a los países participantes para que pudieran reconstruir sus economías y sus países.

Al desvanecerse la amenaza del nazismo, Estados Unidos reconoció que el comunismo sería la siguiente gran amenaza, y quería que las naciones de Europa Occidental fueran económicamente estables para evitar la expansión del comunismo.

Gran Bretaña también se enfrentó a muchos cambios sociales durante y después de la guerra. Las mujeres habían desempeñado un papel importante en las dos guerras mundiales y ya no querían quedarse en casa en sus roles «tradicionales». Habían demostrado ser más que capaces en el mundo laboral. Hubo un mayor impulso a la igualdad de género y otras reformas sociales.

Mujeres británicas trabajando en fábricas durante la Segunda Guerra Mundial
https://commons.wikimedia.org/wiki/File:Locomotive_fast_freight_cleaning.png

En 1900 se creó el Partido Laborista, y poco después surgió el concepto de estado del bienestar, cuyo objetivo era atender a los necesitados.

El arte, la literatura y las actitudes culturales también evolucionaron en la Gran Bretaña de la posguerra. Los cambios sociales y políticos que tuvieron lugar después de la guerra marcarían a las generaciones futuras.

Descolonización

Sin embargo, el mayor impacto en Gran Bretaña tras el fin de la guerra se produjo en su imperio.

En los años anteriores a la Segunda Guerra Mundial se había producido un auge de las ideologías y los movimientos políticos, y una vez terminada la guerra, estos movimientos no hicieron sino fortalecerse.

Muchas de las colonias y territorios británicos clamaban por su independencia. El control de Gran Bretaña sobre sus colonias se debilitó drásticamente, al igual que su posición global.

A medida que más colonias comenzaban a independizarse, el prestigio internacional de Gran Bretaña se desplomaba aún más, ya que perdía el acceso a recursos y mercados clave en un momento en que necesitaba dinero urgentemente.

Cuando la India, la colonia más prestigiosa de Gran Bretaña, empezó a presionar por la independencia, marcó el fin de una era para el imperialismo británico. A menudo denominada la «joya de la corona» británica, la populosa y rica colonia india había desempeñado un papel clave en la prosperidad económica de Gran Bretaña. Pero tras décadas bajo el dominio británico, los indios querían ser independientes y libres. Fue un golpe devastador para el Imperio británico.

Durante siglos, Gran Bretaña había sido el imperio más poderoso del mundo. Los británicos habían impuesto sus valores, su cultura y su forma de vida en muchas partes del globo. Y de repente, su poder se erosionó rápidamente, su estatus de superpotencia mundial desapareció y su capacidad para reconstruir su propia nación dependía en gran medida de la ayuda y la asistencia extranjeras.

Ver cómo países fuertes y poderosos como Estados Unidos y Rusia se convertían en líderes mundiales y competían por el estatus de superpotencia debió de ser difícil de aceptar para Gran Bretaña, porque significaba que su época de gloria había llegado a su fin.

Capítulo 8: El sol poniente

Se cree que la comparación del Imperio británico con un sol poniente fue acuñada por varios autores ya en el siglo XIX. Después de la Segunda Guerra Mundial, se convirtió en una metáfora del ascenso y posterior desaparición de Gran Bretaña como superpotencia mundial.

En el nuevo mundo de posguerra, Gran Bretaña se encontró ante un entorno desconocido en el que no sabía cómo desenvolverse. Las tácticas y estrategias que había utilizado durante siglos para dominar el mundo no tenían ningún peso frente a Estados Unidos y Rusia, las nuevas superpotencias mundiales en ascenso.

Gran Bretaña estaba prácticamente en bancarrota y plagada de deudas. Sus infraestructuras eran un caos, sufría escasez a cada paso y tenía que hacer frente al descontento social tanto dentro como fuera del país, con colonias que exigían la independencia.

Gran Bretaña luchó con todas sus fuerzas para mantener su posición internacional y permanecer en pie de igualdad con Estados Unidos, pero como se enfrentaba a desafíos desde todos los frentes, cada vez le resultaba más difícil conseguirlo. En las décadas siguientes, una serie de conflictos y reveses internacionales agravaron aún más el declive del imperio.

Partición de la India - 1947

Los británicos y, por extensión, la Compañía de las Indias Orientales y el Raj británico gobernaban la India desde mediados del siglo XIX. Como vimos en capítulos anteriores, la población nativa no estaba del todo contenta con esto. Las tensiones fueron creciendo poco a poco hasta desembocar en rebeliones y levantamientos. Los indios deseaban fervientemente derrocar lo que consideraban un poder controlador.

La fallida rebelión de 1857 no hizo más que reforzar la idea del nacionalismo indio y, a principios del siglo XX, la demanda de independencia no hizo más que crecer, con hombres como Mahatma Gandhi a la cabeza del movimiento.

Gandhi fue un líder político y espiritual que empleó y fomentó la desobediencia civil no violenta para protestar contra el dominio colonial británico. Creía en la resistencia pacífica y en las campañas, haciendo hincapié en el poder de la persuasión moral.

Gandhi durante una marcha pacífica en 1930
https://commons.wikimedia.org/wiki/File:Marche_sel.jpg

Sus creencias y métodos de resistencia lo llevaron a la cárcel en numerosas ocasiones, pero no se rindió. Con el tiempo, su filosofía y su liderazgo movilizaron a millones de indios en todo el país y cambiaron la opinión de la gente en la India y en todo el mundo.

Cuando terminó la Segunda Guerra Mundial, el movimiento independentista de la India había cobrado un impulso considerable, y el gobierno británico sabía que no tendría más remedio que conceder la independencia a la India.

Antes de hacerlo, el gobierno británico, dirigido por el primer ministro Clement Attlee, decidió dividir la India en dos estados separados por motivos religiosos. Habría un estado hindú y otro musulmán.

Oficialmente, el gobierno explicó la partición como una forma de mitigar cualquier posible violencia o malestar dentro de la India tras su independencia. El gobierno temía que, dadas las profundas divisiones religiosas entre hindúes y musulmanes, se produjeran conflictos y caos una vez que los británicos se marcharan.

Sin embargo, los historiadores creen que la verdadera razón de la partición era crear un Estado más débil. Una India dividida sería más fácil de controlar y la creación de un nuevo Estado, Pakistán, permitiría a los británicos mantener su presencia en la región. Probablemente, los británicos esperaban que Pakistán se mantuviera más alineado con los valores e intereses británicos.

La partición de la India se anunció el 3 de junio de 1947, y los dos estados se formalizaron el 15 de agosto de 1947. Al igual que en la división del Imperio otomano, se prestó muy poca atención a la cultura, la lengua o los lazos sociales. La partición se trazó simplemente siguiendo líneas religiosas, con las zonas musulmanas yendo a Pakistán y la mayoría de los hindúes permaneciendo en la India.

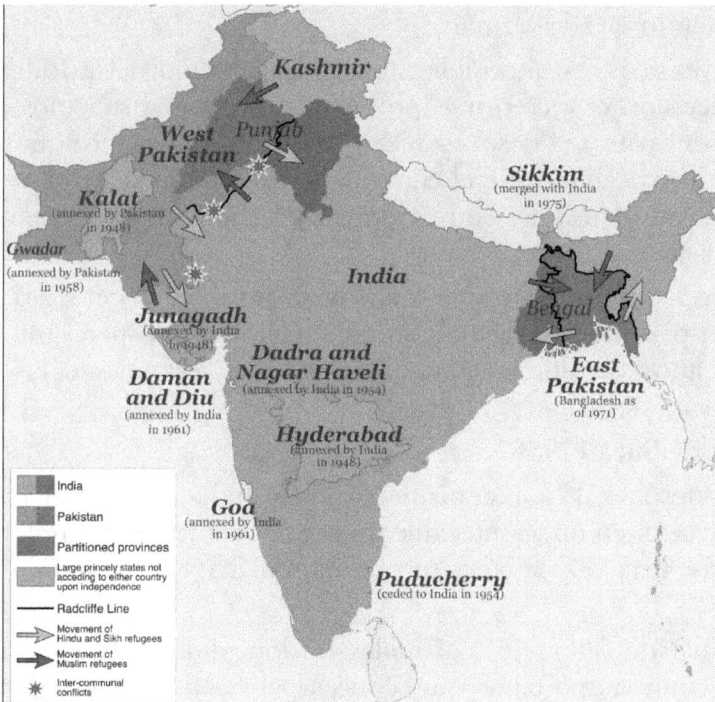

Partición de la India

La partición de la India se convirtió en una decisión muy criticada y fue recibida con protestas y violencia por todas partes. Millones de personas fueron desplazadas a la fuerza. Perdieron sus hogares, sus medios de subsistencia, sus comunidades y su modo de vida. Otros cientos de miles perdieron la vida.

Para empeorar las cosas, las fronteras entre los dos países no estaban claramente definidas por los británicos, lo que dio lugar a disputas territoriales. Una región clave que sigue siendo objeto de disputa hoy en día es Cachemira. Durante la partición, se dio a Cachemira la opción de ir a India o a Pakistán. El gobernante de Cachemira, el maharajá Hari Singh, intentó mantenerse neutral, pero finalmente se decidió por India.

Pakistán se opuso a esta decisión y envió tropas a Cachemira. Este sería el comienzo de la guerra indo-pakistaní. Finalmente, Cachemira se dividió entre los dos estados, pero los conflictos por la zona continúan desde 1947, ya que ambos países quieren toda la región para sí.

Tras la partición, India obtuvo la independencia. La pérdida de India marcó el fin del dominio colonial británico, y el imperio siguió fragmentándose cada vez más.

Una vez más, es imposible saber si la partición de la India fue una buena decisión o si creó más problemas. Lo que sí sabemos es que la división del país y el desplazamiento de tanta gente fueron traumáticos. Cambió irrevocablemente el curso de la historia de la India, es la causa de las actuales tensiones entre Pakistán y la India, y sigue determinando la dinámica de la región.

Una vez que la India superó sus problemas de crecimiento, emergió como un país industrializado con una economía próspera, muy influida por los años de dominación británica. Hoy es una de las mayores democracias del mundo.

Crisis de Suez - 1956

Poco después de la independencia de la India, Gran Bretaña volvió a verse envuelta en un acontecimiento histórico que tendría repercusiones duraderas. Esta vez, la crisis se produjo en Egipto en torno al canal de Suez.

El canal de Suez, de 120 millas de longitud, es una vía navegable artificial muy importante que conecta el mar Mediterráneo con el océano Índico. Es la vía más rápida para transportar mercancías de Europa a Asia y viceversa.

La construcción del canal comenzó en 1859 bajo la autoridad conjunta de los gobiernos francés y británico. Ferdinand de Lesseps, diplomático francés, dirigió y supervisó la construcción.

Una década más tarde, en 1869, el canal quedó finalmente terminado y listo para ser utilizado. Mientras Francia y Gran Bretaña controlaban el canal y se beneficiaban de sus ganancias, Egipto solo recibía un pequeño porcentaje de los ingresos, lo que empezó a convertirse en una fuente de tensión.

Puerto Said, la entrada al canal desde el mar Mediterráneo
https://commons.wikimedia.org/wiki/File:Suez_Canal,_Port_Said_-_ISS_2.jpg

Las cosas siguieron así durante casi nueve décadas hasta 1956, cuando Egipto eligió a Gamal Abdel Nasser como segundo presidente del país.

Desde 1954, los militares egipcios habían estado hablando con los británicos para poner fin a su presencia militar de la época colonial en la zona del canal. Egipto también había estado librando batallas esporádicas con Israel a lo largo de sus fronteras.

Cuando Nasser llegó al poder, una de las primeras cosas que hizo fue nacionalizar el canal de Suez con fondos y armas proporcionados por Rusia.

Varios factores influyeron en esta decisión. Nasser creía que nacionalizar un activo tan importante era una buena manera de afirmar la soberanía de Egipto y fortalecer la posición política de la nación. También pensó que Egipto podría beneficiarse de los importantes ingresos que generaría el canal, sobre todo porque el país atravesaba dificultades económicas. Estos ingresos podrían utilizarse para financiar otros proyectos de desarrollo económico.

Quizás lo más importante era que Nasser esperaba que la nacionalización del canal de Suez fuera el catalizador necesario para unir al mundo árabe. Era un gran defensor del panarabismo. Su visión del mundo árabe era unirlos a todos bajo una misma entidad política. Nasser pensaba que Occidente tenía demasiada influencia y control sobre Oriente Próximo y que la mejor manera de desafiarlo era promover el panarabismo.

El presidente Gamal Abdel Nasser en 1966.

En respuesta a la medida de Nasser, Francia, Gran Bretaña e Israel planearon un ataque armado contra Egipto. El primer golpe vino de Israel el 29 de octubre de 1956, y el 31 de octubre, a los israelitas se les unieron fuerzas francesas y británicas.

Rusia estaba ansiosa por hacerse con un pedazo de Oriente Próximo y vio en el nacionalismo árabe la forma perfecta de conseguirlo. En cuanto estos países atacaron Egipto, Nikita Jruschov, el líder de la Unión Soviética, les lanzó una severa advertencia, amenazando con sacar misiles nucleares si no abandonaban Egipto.

Las tensiones de la Guerra Fría ya estaban en su punto álgido, y esto era lo último que quería Estados Unidos. Tanto Rusia como Estados Unidos condenaron rápidamente la invasión, y las Naciones Unidas aprobaron una resolución para poner fin inmediato a la crisis.

El presidente estadounidense Dwight D. Eisenhower se sintió especialmente frustrado con Gran Bretaña por tomar medidas tan imprudentes e impulsivas sin hablar primero con Estados Unidos.

Cediendo a la presión estadounidense, los tres países se retiraron y renunciaron al control del canal. Se envió una misión de mantenimiento de la paz de las Naciones Unidas para asegurarse de que la retirada se realizaba pacíficamente, y la crisis llegó a su fin el 7 de noviembre de 1956.

Nasser salió del incidente internacional como un héroe. Sin embargo, para los británicos, la humillante derrota puso de manifiesto sus limitaciones militares y fue una prueba más de que el imperio era una potencia mundial en declive con escasa influencia en los asuntos globales. Ser reprendidos por las Naciones Unidas y sermoneados por Estados Unidos fueron cosas difíciles de aceptar para el país.

La crisis del canal de Suez se convirtió en un importante punto de inflexión en la historia británica. Marcó el fin de una era para el imperialismo británico y señaló el comienzo de un nuevo orden mundial liderado por Rusia y Estados Unidos.

Hoy en día, el canal está gestionado por la Autoridad del canal de Suez de Egipto y sigue siendo una de las vías de navegación más utilizadas del mundo.

Descolonización

Tras la Segunda Guerra Mundial, se produjo un cambio significativo hacia la descolonización, y los gritos a favor de la independencia se hicieron más persistentes.

Gran Bretaña y otras potencias europeas se vieron sometidas a una presión cada vez mayor para que concedieran la autodeterminación y la independencia a sus colonias. Organizaciones internacionales como las

Naciones Unidas desempeñaron un papel clave en la promoción de la descolonización e influyeron en las potencias coloniales. Este llamamiento a la independencia se vio favorecido por la creciente conciencia de las diferentes culturas y razas, además del rechazo de las actitudes e ideologías imperialistas.

Los retos económicos del periodo posterior a la Segunda Guerra Mundial dificultaron a las potencias coloniales el mantenimiento de sus imperios. La aparición de potencias económicas como Estados Unidos puso en tela de juicio las necesidades y el dominio de las potencias imperiales.

La dinámica de la Guerra Fría también contribuyó a la descolonización, ya que tanto Estados Unidos como Rusia competían por ganar influencia y forjar alianzas con nuevas naciones.

Cada región tuvo sus propias causas y razones específicas para la descolonización. Anteriormente en este capítulo, hemos analizado brevemente por qué India buscaba la independencia. Irlanda, otra de las colonias británicas, buscó la autodeterminación por motivos similares.

El nacionalismo irlandés y el descontento social desempeñaron un papel fundamental en la descolonización de Irlanda. Consideraban que las diferencias religiosas existentes entre los irlandeses, mayoritariamente católicos, y la minoría protestante, y las condiciones económicas, como el desempleo y la pobreza, mejorarían si se permitía a Irlanda ser independiente y dueña de su propio futuro.

Pero, ¿cómo se produjo la descolonización?

El proceso de descolonización y formación de nuevas naciones no fue fácil. Implicaba una serie de cambios políticos, económicos y sociales, y a menudo iba seguido de un periodo de conflicto, agitación social y convulsión política.

Para una potencia colonial era difícil ceder el control, y para la nueva nación era igualmente difícil navegar por un territorio inexplorado. En muchos casos, se negociaron tratados o términos de independencia entre una potencia colonial y el líder nacionalista de una colonia. Estos términos ayudaron a establecer reformas constitucionales que allanaron el camino hacia la descolonización.

Al negociar la independencia de Irlanda, el gobierno británico y los representantes irlandeses firmaron el Tratado Angloirlandés. Los términos del tratado establecían el Estado Libre Irlandés, que sería autogobernado, pero permanecería dentro del Imperio británico, como el Dominio de Canadá. Esto ocurrió el 6 de diciembre de 1921.

Más de dos décadas después, el 18 de abril de 1949, Irlanda tomó la decisión de abandonar la Commonwealth y se convirtió formalmente en una república.

La descolonización en Sudáfrica

En Sudáfrica, el proceso de descolonización fue algo más complicado debido al *apartheid* y se logró a través de tres fases. Inicialmente, Sudáfrica obtuvo la independencia antes de la Primera Guerra Mundial, el 31 de mayo de 1910, pero permaneció bajo influencia británica hasta 1961, momento en el que finalmente se convirtió en república.

Sin embargo, la verdadera independencia se vio limitada por el *apartheid*. El sistema legal de segregación racial forzada y discriminación contra los sudafricanos negros se convirtió en un serio punto de discordia para la independencia de Sudáfrica.

Las acciones de la nación fueron condenadas internacionalmente. Países como Nigeria y Sudán y otras organizaciones impusieron sanciones económicas a Sudáfrica o se negaron a hacer negocios con ella como reproche por el *apartheid*. Esto empeoró la ya tambaleante economía sudafricana.

Movimientos de resistencia como el Congreso Nacional Africano (CNA) siguieron luchando ferozmente por la descolonización y recibieron apoyo internacional.

Nelson Mandela, figura política clave del movimiento contra el *apartheid* durante esta época, se implicó mucho con el CNA, que había sido prohibido por el gobierno. Su participación en la lucha armada contra el *apartheid* condujo a su detención en 1962. Pasó veintisiete años en prisión, convirtiéndose en un símbolo del movimiento antiapartheid. Mandela también fue visto en el mundo internacional como un icono de los derechos humanos.

Cada vez se presionaba más al gobierno sudafricano para que cambiara su política de *apartheid*, lo que finalmente ocurrió en 1994. Como parte de las negociaciones sobre el *apartheid*, Mandela fue excarcelado en 1990.

Con el fin del *apartheid*, gracias en gran parte a la incansable labor de Mandela, Sudáfrica se convirtió en un país plenamente democrático. Las primeras elecciones celebradas en el «nuevo» país estuvieron abiertas a todos los ciudadanos, independientemente del color de su piel. Para sorpresa de nadie, Mandela ganó la presidencia y se convirtió en el primer presidente negro de Sudáfrica.

La descolonización fue un proceso largo y arduo que duró muchas décadas. El establecimiento de nuevas naciones marcó un cambio importante en la dinámica del poder internacional y dio lugar a décadas de luchas por la identidad nacional, la justicia social y otras cuestiones. La descolonización cambió fundamentalmente el mundo.

El fin del Imperio

Algunos historiadores sostienen que el Imperio británico terminó con la independencia de la India en 1947, mientras que otros creen que el final llegó en 1997 con la entrega de Hong Kong. Hay quienes consideran que la formación de la Commonwealth de Naciones fue el momento decisivo en el que el Imperio británico llegó a su fin. El final real está probablemente en algún punto intermedio.

Como hemos visto anteriormente, la influencia global de Gran Bretaña y el control sobre sus colonias disminuyeron drásticamente a medida que se prolongaba la Segunda Guerra Mundial. En el mundo de la posguerra, quedó claro que Gran Bretaña había sido desplazada de su papel de superpotencia.

Una oleada de países que luchaban por su independencia y la conseguían fue minando el imperio hasta despojarlo de toda su gloria y prestigio anteriores. Las colonias siguieron independizándose en las décadas de 1950 y 1960.

En 1979, Gran Bretaña concedió formalmente la independencia a Zimbabue con la firma del Acuerdo de Lancaster House. El país celebró elecciones libres y justas. Fue elegido el primer ministro negro del país, Robert Mugabe, y Zimbabue se convirtió oficialmente en una nación totalmente independiente el 18 de abril de 1980. Zimbabue fue la última colonia británica en África que obtuvo la independencia. La mayoría de los historiadores sostienen que el imperio terminó cuando Gran Bretaña renunció a Hong Kong.

Hong Kong había sido tomado por los británicos durante la primera guerra del Opio. Cuando China perdió la guerra, se negoció la paz en el Tratado de Nankín de 1842. En este tratado, China cedió oficialmente el territorio de Hong Kong a Gran Bretaña a perpetuidad, y se convirtió en una colonia de la corona. En 1860, tras la segunda guerra del Opio, Gran Bretaña amplió aún más la colonia con la adquisición de la península de Kowloon.

En 1898, Gran Bretaña firmó un contrato de arrendamiento de 99 años para los territorios que antes pertenecían a China. Hong Kong formaba parte de ese acuerdo. Gran Bretaña gobernó Hong Kong hasta que se cumplieron los 99 años y devolvió el territorio a China.

Con la entrega, el dominio colonial británico en Hong Kong llegaba oficialmente a su fin. En 1984, chinos y británicos firmaron un tratado que establecía las condiciones del traspaso. En la Declaración Conjunta chino-británica, China acordó conceder a Hong Kong un alto grado de autonomía. Se permitía a sus habitantes mantener su modo de vida, incluida una economía capitalista, y mantener su forma de gobernar separada de la China comunista.

El acuerdo se fijó para cincuenta años y debería durar hasta 2047. Durante décadas, este acuerdo ha funcionado bien, aunque últimamente el gobierno chino ha aumentado su injerencia en los asuntos de Hong Kong y le ha impuesto su propia agenda comunista.

Hoy existen catorce territorios británicos de ultramar en todo el mundo. La mayoría de ellos son islas más pequeñas, como las Bermudas y las Islas Caimán.

Capítulo 9: Personajes clave de la historia del Imperio

El Imperio británico no habría sido tan impresionante y poderoso como fue sin las contribuciones, el liderazgo y el pensamiento estratégico de miles de personalidades.

Cada decisión que condujo al auge y la caída del imperio fue tomada por individuos que tenían una visión más amplia de lo que debía ser el imperio.

En este capítulo analizaremos algunas figuras clave de la historia imperial británica y examinaremos su papel fundamental en la búsqueda del dominio de Gran Bretaña.

El rey Enrique VII

28 de enero de 1457-21 de abril de 1509

El rey Enrique VII es una figura importante en relación con el Imperio británico y su expansión.

Reinó de 1485 a 1509 y, aunque no se lo suele asociar con la construcción del imperio en sí (este surgió mucho después de su reinado), sentó las bases para que Gran Bretaña se convirtiera en una superpotencia mundial.

El rey Enrique VII

Enrique VII inició muchas políticas y reformas que fortalecieron la economía del país, preparándolo así para una futura expansión. Antes de su llegada al trono, la monarquía británica atravesaba una época muy turbulenta, con conflictos y batallas. Cuando Enrique subió al trono, puso fin a las guerras de las Rosas, que habían dejado a Inglaterra desestabilizada durante décadas, con la Casa de Lancaster y la Casa de York luchando por la corona.

Tras la muerte del rey Eduardo V en 1483, su tío, Ricardo, duque de Gloucester, se hizo con el trono. El reinado de Ricardo fue impopular y pronto estalló una rebelión. Enrique, que contaba con fuertes partidarios y un linaje familiar que apoyaba su pretensión al trono, se enfrentó a Ricardo en la batalla. Cuenta la leyenda que Enrique VII recogió la corona del campo de batalla al morir el rey Ricardo, coronándose a sí mismo rey.

Con la muerte de Ricardo, la guerra, que había durado más de treinta años, llegó por fin a su fin.

Cuando Enrique VII estableció la dinastía Tudor, siguió un periodo de paz y estabilidad en Gran Bretaña.

Enrique también redujo el poder de la nobleza al tiempo que aumentaba la autoridad de la monarquía. De este modo, centralizó el poder y creó un sistema político más estable.

El rey Enrique VII fomentó el comercio interior y exterior estableciendo acuerdos comerciales con países europeos y otras naciones.

Además de devolver la estabilidad al país, la mayor contribución de Enrique VII fue el encargo de expediciones para explorar nuevas rutas comerciales. Por ejemplo, en 1497, cuando John Cabot, el navegante y explorador italiano, partió a explorar el Nuevo Mundo, lo hizo por encargo del rey Enrique VII.

Este viaje se convertiría en la primera vez desde los vikingos que un europeo pisaba tierra firme en Norteamérica. De aquel viaje no salió nada concreto, pero las nuevas tierras acabarían convirtiéndose en colonias británicas y, más tarde, en Estados Unidos.

Enrique VII murió el 21 de abril de 1509 de tuberculosis.

Aunque el propio Enrique no contribuyó al crecimiento del imperio, el rey Enrique VII, al crear un país fuerte y económicamente estable, proporcionó a Gran Bretaña los recursos económicos, políticos y sociales para explorar y conquistar el mundo.

Sir Francis Drake

c. 1540-28 de enero de 1596

Francis Drake fue un capitán de navío, explorador y corsario inglés que desempeñó un importante papel en el crecimiento y la expansión del imperio durante el siglo XVI.

Quizá sea más famoso por haber circunnavegado el globo. Drake inició la expedición el 15 de diciembre de 1577. Cruzó el océano Pacífico y regresó a Inglaterra el 26 de septiembre de 1580.

Al año siguiente, la reina Isabel I le concedió el título de caballero. Al ver el potencial de crecimiento y comercio con el Nuevo Mundo a través de la exploración, le concedió una comisión de corsario. Drake también obtuvo permiso para asaltar barcos y asentamientos españoles en América, lo que contribuyó a establecer el dominio inglés en la región.

Drake fue uno de los comandantes de la flota inglesa que ayudó a derrotar a la Armada española en 1588. Repeler la invasión española ayudó a asegurar el control de Inglaterra sobre los mares, allanando el camino para que el imperio se convirtiera en una poderosa fuerza marítima y promoviendo una mayor expansión y colonización.

Sir Francis Drake, 1591
https://commons.wikimedia.org/wiki/File:Gheeraerts_Francis_Drake_1591.jpg

Aparte de sus contribuciones militares, Drake también ayudó a la economía de Inglaterra estableciendo relaciones comerciales con Extremo Oriente, así como asentamientos en Norteamérica.

En su último viaje, en 1596, se dirigía a las Indias Occidentales. Contrajo disentería y murió poco después en alta mar. El cuerpo de Drake fue depositado en un ataúd de plomo y se lo echó al mar. A pesar de las numerosas búsquedas, su cuerpo nunca ha sido encontrado.

Aunque sir Francis Drake fue una figura clave en la expansión del imperio, su legado es bastante complicado y está empañado por algunos aspectos negativos.

Por ejemplo, fue traficante de esclavos, al igual que su primo, John Hawkins. Atacaban aldeas y barcos negreros para conseguir esclavos, que luego vendían a los dueños de las plantaciones. Drake trató a los indígenas de las Américas de forma similar, esclavizándolos y explotándolos.

Sus acciones como corsario también han sido criticadas por su falta de ética. Las incursiones en las que participó tuvieron un alto precio, ya que implicaron actos de violencia, brutalidad y asesinato.

La opinión que cada uno tenga de Drake dependerá de su posición ante la idea del imperialismo y la colonización. La mayoría de las personas que influyeron en el Imperio británico no eran perfectas ni carecían de defectos. A menudo tuvieron que ser despiadados y feroces para conseguir lo que querían.

Para algunos, las acciones de Drake contribuyeron a hacer de Gran Bretaña el poderoso imperio que fue, mientras que para otros fue un hombre cuyas acciones destruyeron naciones, culturas y pueblos.

Robert Clive

29 de septiembre de 1725-22 de noviembre de 1774

Una de las personas más importantes involucradas en la expansión del Imperio británico fue Robert Clive. Desempeñó un papel especialmente importante en la India, lo que le valió el apodo de Clive de la India.

Robert Clive nació en Inglaterra y fue un niño difícil y problemático. Tras probar varias escuelas, Clive fue enviado a Madrás (actual Chennai) para servir en la Compañía Británica de las Indias Orientales. Acabó ingresando en el servicio militar, donde por fin encontró su vocación.

En los años siguientes demostró sus brillantes habilidades y tácticas militares. Su logro más significativo fue la victoria en la batalla de Plassey en 1757. Dirigió una pequeña fuerza británica contra el ejército mucho más numeroso del *nabab* de Bengala, que también contaba con el apoyo de fuerzas francesas.

Contra todo pronóstico, las tropas británicas de Clive ganaron la batalla de Plassey, que allanó el camino para que los británicos tomaran el control de Bengala y, con el tiempo, de otras partes de la India. Esta fue la batalla decisiva que abrió la India a Gran Bretaña, y Clive fue el hombre que logró esa victoria.

Robert Clive fue nombrado gobernador de Bengala en 1758. Volvió a ocupar el cargo de gobernador entre 1764 y 1767.

Bajo la administración de Clive, la posición de la Compañía de las Indias Orientales en la India se fortaleció y se convirtió en una de las entidades más poderosas y rentables del mundo. Logró tal éxito imponiendo un control absoluto sobre la población y tratándola con brutalidad.

Clive explotó cruelmente a la población de la India y los recursos del país, y muchos de los problemas por los que se condenó a la Compañía de las Indias Orientales, como la corrupción, la mala gestión y el maltrato de la gente, estaban relacionados con su gobierno.

Abrió las compuertas del soborno y la corrupción al aceptar cientos de miles de libras en efectivo y un título nobiliario mogol, entre otras cosas. Otros funcionarios de su gobierno y de la Compañía de las Indias Orientales siguieron su ejemplo. La corrupción alcanzó niveles tan incontrolables que Bengala quedó casi en la ruina.

Clive murió joven. Fue encontrado en su casa el 22 de noviembre de 1774 con una herida de bala autoinfligida. Los historiadores especulan con la posibilidad de que se suicidara debido al deterioro de su salud y a sus crecientes problemas económicos.

El legado que dejó es algo complicado. Algunos lo admiran por sus victorias militares y sus contribuciones al imperio, mientras que otros lo consideran un opresor. Sea cual sea la opinión que se tenga de él, no se puede negar su contribución al desarrollo y crecimiento del Imperio británico en la India.

William Pitt

28 de mayo de 1759-23 de enero de 1806

William Pitt es comúnmente conocido como William el Joven para diferenciarlo de su padre, William Pitt, 1er conde de Chatham, que desempeñó un papel importante durante la guerra de los Siete Años.

Se lo conoce por varias cosas. Una de las más interesantes es que fue el último primer ministro de Gran Bretaña y el primero del Reino Unido. Este giro se produjo cuando Gran Bretaña pasó a llamarse formalmente Reino Unido en enero de 1801. El cambio de nombre se debió a las Actas de Unión de 1800, que unieron los reinos de Gran Bretaña e Irlanda.

Al igual que su padre, William el Joven fue una figura prominente en la historia británica de finales del siglo XVIII y principios del XIX. Fue una época especialmente turbulenta para Gran Bretaña, que se enfrentaba a la revolución en Norteamérica y a las guerras con Napoleón.

William Pitt el Joven fue primer ministro de Gran Bretaña en dos ocasiones, de 1783 a 1801 y de 1804 a 1806. Sus políticas y acciones contribuyeron a configurar la historia británica y su posición en el mundo. Pitt fue un firme defensor de la expansión de Gran Bretaña y supervisó la adquisición de nuevos territorios como Australia y Nueva Zelanda.

Durante su mandato como primer ministro, Pitt se esforzó por reforzar la posición militar y económica de Gran Bretaña en su país y en el extranjero. Se centró en reducir el gasto público y reformar el sistema fiscal del país.

Pitt consideraba que, para que el imperio se mantuviera fuerte, era necesario que mantuviera una buena relación con sus colonias, por lo que trabajó para estrechar los lazos con la India y Canadá. Fue un firme defensor de la Compañía de las Indias Orientales y defendió reformas para que la empresa aumentara la rentabilidad de Gran Bretaña.

La relación entre las colonias americanas y Gran Bretaña era comprensiblemente tensa tras la Revolución estadounidense. Pitt reconoció la importancia de construir una buena relación con los norteamericanos y se esforzó por mejorarla.

La diplomacia estratégica ayudó a descongelar la relación, y el comercio y los intereses económicos mutuos obligaron a los países a trabajar juntos. Con el tiempo, los dos países se convirtieron en fuertes aliados y amigos.

William Pitt fue también un firme partidario de la abolición de la esclavitud, que empezó a tomar forma con la Ley sobre el Comercio de Esclavos de 1807. Esta ley puso fin al comercio de esclavos. La práctica de la esclavitud tardaría más tiempo en abolirse por completo.

Retrato de William Pitt el Joven
https://commons.wikimedia.org/wiki/File:OlderPittThe_Younger.jpg

Las políticas de Pitt consolidaron el control de Gran Bretaña sobre sus colonias y aumentaron su influencia a nivel mundial en un momento crítico de la expansión del imperio.

Cabe suponer que habría hecho mucho más si su salud no hubiera empezado a deteriorarse al cumplir los cuarenta. Murió el 23 de enero de 1806, con solo 46 años. Se le concedió el raro honor de ser enterrado en la Abadía de Westminster, lo que dice mucho de lo querido que era en Gran Bretaña.

Reina Victoria

24 de mayo de 1819-22 de enero de 1901

Cuando nació Alexandrina Victoria, no había motivos para creer que llegaría al trono. Su padre era el cuarto hijo del rey Jorge III, y tenía tres hermanos mayores en línea para el trono. Sin embargo, Victoria estaba destinada a ser reina, ya que sus tres tíos fallecieron sin herederos legítimos, lo que la convirtió en la heredera al trono.

Se convirtió en reina a los dieciocho años. Era joven y relativamente inexperta; sin embargo, demostró ser una monarca muy capaz y exitosa. En 1840 se casó con el príncipe Alberto de Sajonia-Coburgo y Gotha, primo hermano suyo, con quien tuvo nueve hijos.

Retrato de la coronación de la reina Victoria
https://en.wikipedia.org/wiki/File:Dronning_victoria.jpg

Con más de 63 años en el trono, la reina Victoria ostentó la distinción de ser la monarca que más tiempo reinó en Gran Bretaña hasta la reina Isabel II, que lo hizo durante setenta años.

La reina Victoria llegó al trono en un momento importante de la historia de Gran Bretaña. El poder y la influencia de la nación se expandían rápidamente y el país atravesaba varios cambios sociales y políticos.

Como orgullosa imperialista, Victoria desempeñó un papel clave en la consolidación del imperio y contribuyó a su expansión apoyando las misiones de exploración y colonización en ultramar.

También fue mecenas de numerosas sociedades científicas y geográficas, y desempeñó un papel decisivo en el desarrollo de la industria y el comercio en Gran Bretaña. Supervisó el crecimiento de la economía del país mediante el establecimiento de colonias y acuerdos comerciales mundiales. La reina Victoria también creó demanda de bienes y productos británicos promocionándolos a través de exposiciones como la Gran Exposición de 1851.

Gran Exposición de 1851

Victoria reforzó el ejército británico. Bajo su reinado, la armada británica creció hasta convertirse en la mayor y más poderosa del mundo.

Algunas expediciones notables durante su reinado fueron las exploraciones de África y la India. Después de que el gobierno británico tomara el control de la India tras la rebelión india de 1857, el país se convirtió formalmente en una colonia británica.

En 1876, la reina Victoria fue nombrada emperatriz de la India. En estrecha colaboración con el gobierno, trabajó para modernizar y desarrollar las infraestructuras del país. Entre otras cosas, construyó ferrocarriles, carreteras y líneas telegráficas.

Desempeñó un papel decisivo a la hora de impulsar políticas para integrar a los indios en las costumbres y tradiciones británicas. El sistema educativo diseñado bajo su reinado se centró en la enseñanza del inglés y la transmisión de los valores británicos.

Aunque muchos de estos cambios y políticas ayudaron a la India, especialmente en lo que respecta a los avances económicos y tecnológicos, la India sufrió enormemente. La población nativa fue objeto de explotación y abusos, y se produjo una pérdida significativa del modo de vida tradicional de la India, sus costumbres y sus tradiciones. Los valores británicos cambiaron por completo la sociedad.

La reina Victoria reinó hasta su muerte, el 22 de enero de 1901, y fue sucedida por su hijo, Eduardo VII. Dejó tras de sí un legado increíble. El papel que desempeñó como monarca ayudó a Gran Bretaña a alcanzar nuevas cotas de poder e influencia y, hasta la fecha, se la venera como una de las monarcas más influyentes de la historia británica.

Joseph Chamberlain

8 de julio de 1836-2 de julio de 1914

Joseph Chamberlain fue un político, empresario y estadista británico. Al principio de su carrera fue un antiimperialista declarado, pero sus sentimientos evolucionaron y cambiaron con el tiempo. Finalmente se convirtió en un defensor del imperialismo.

Chamberlain fue muy influyente y tuvo un impacto significativo en la expansión del imperio a finales del siglo XIX y principios del XX. Sus actividades políticas le valieron el cargo de secretario de Estado para las colonias de 1895 a 1903. Su papel le valió el apodo de «constructor del Imperio», ya que fue una pieza clave en el gobierno de las colonias británicas, a excepción de la India y Canadá.

Joseph Chamberlain
https://commons.wikimedia.org/wiki/File:Joseph_Chamberlain_MP.png

La contribución más importante de Chamberlain al imperio fue su apoyo a la unidad imperial y a una mayor cooperación e integración entre Gran Bretaña y sus colonias. Abogó por políticas que fortalecieran esa relación y creía que el imperio podía utilizarse para el bien promoviendo los valores e intereses británicos.

A ello se unía su firme deseo de libre comercio. Creía que el imperio iría mejor económicamente si existía un sistema de cooperación e interdependencia económica entre las colonias. Sus políticas económicas estaban diseñadas precisamente para eso y se conocieron como «Chamberlainismo».

Una de las políticas más importantes de Chamberlain fue su apoyo a la preferencia imperial, un sistema en el que los bienes producidos en las colonias británicas estaban sujetos a aranceles más bajos. Otro elemento clave de su política económica fue el apoyo al proteccionismo. Consideraba que había que proteger a las industrias británicas de la competencia extranjera, lo que podía hacerse imponiendo aranceles a los bienes y servicios importados. Esto serviría a un doble propósito, ya que promovería la fabricación nacional.

Las políticas de Chamberlain se encontraron con una gran resistencia por parte de las colonias, ya que querían más independencia de la Corona, no acercarse a ella.

Siendo un firme partidario de la implicación británica en Sudáfrica, desempeñó un papel clave en la expansión del país en África. Participó en las negociaciones que finalmente establecieron el control británico sobre la región.

Chamberlain creía que Gran Bretaña, como «terrateniente» de las colonias, tenía el deber de desarrollar los territorios, y dedicó mucho tiempo y esfuerzo a desarrollar África y las Indias Occidentales, incluida la fundación de la Escuela de Medicina Tropical de Londres en 1899.

Joseph Chamberlain murió poco antes del inicio de la Primera Guerra Mundial, el 2 de julio de 1914, de un ataque al corazón. Se le ofreció un entierro en la Abadía de Westminster, que su familia rechazó.

Aunque Chamberlain era admirado por muchos, también se enfrentó a muchas críticas. Sus críticos consideraban que no había abordado las preocupaciones de la población nativa ni las había tenido en cuenta. Pero esto ocurría con casi todos los que tenían algo que ver con las colonias. Los intereses británicos eran primordiales y siempre estaban por encima de todo.

El trabajo que Chamberlain hizo por el imperio fue increíblemente importante, y sus políticas marcaron la trayectoria del imperio. Su legado perdura en Gran Bretaña.

Su hijo, Neville Chamberlain, que fue primer ministro de Gran Bretaña de 1937 a 1940, fue quien declaró la guerra a Alemania tras la invasión de Hitler. Dirigió el país durante los primeros meses de la guerra hasta su dimisión el 9 de mayo de 1940. Le sucedió su colega Winston Churchill, que se convertiría en una de las personas más influyentes de la historia británica.

Winston Churchill

30 de noviembre de 1874-24 de enero de 1965

Veterano, político, orador y pintor, Winston Churchill fue un hombre de diversos talentos. Disfrutó de una larga e ilustre carrera política en Gran Bretaña.

Winston Churchill procedía de una familia aristocrática y política. Su padre, lord Randolph Churchill, era miembro del Parlamento y descendiente del 1er duque de Marlborough.

Winston ingresó como cadete en la Real Academia Militar cuando tenía diecinueve años, y a los pocos años manifestó su interés por la política y los asuntos parlamentarios, iniciando una carrera en el gobierno.

Churchill con uniforme militar
https://commons.wikimedia.org/wiki/File:Winston_Churchill_1874_-_1965_ZZZ5426F.jpg

Cuando estalló la Primera Guerra Mundial, Churchill decidió alistarse en el ejército y luchó en las trincheras. Una vez terminada la guerra, volvió al gobierno y a la política, convirtiéndose en secretario de Estado para las colonias en febrero de 1921.

Para entonces, Churchill ya tenía un currículum impresionante. Sin embargo, su contribución más notable a Gran Bretaña fue cómo dirigió el país durante la Segunda Guerra Mundial.

Tras la dimisión del primer ministro Neville Chamberlain, Winston asumió el cargo. En aquella época, Gran Bretaña se enfrentaba a un poderoso y aparentemente imparable ejército alemán que arrasaba Europa conquistando territorios. La propia Gran Bretaña se enfrentaba a la amenaza de una invasión nazi.

Churchill en 1941
https://en.wikipedia.org/wiki/File:Sir_Winston_Churchill_-_19086236948.jpg

La moral estaba baja, y el miedo y la ansiedad se apoderaron de la nación. Churchill alentó al pueblo británico con sus discursos y su determinación de luchar, incluso frente a una adversidad abrumadora. Con su experiencia en política y su conocimiento de primera mano de la guerra, era probablemente la persona perfecta para llevar el timón durante esta crisis.

El liderazgo intrépido de Churchill en algunas de las batallas y días más oscuros de la guerra, como la batalla de Dunkerque y la batalla de Inglaterra, es por lo que más se lo recuerda.

Era fuerte e inspirador. También era un orador brillante. Winston Churchill mantuvo a Gran Bretaña unida y centrada en lo importante durante la guerra. Sus discursos de guerra se consideran algunos de los más poderosos jamás pronunciados.

El liderazgo de Churchill desempeñó un papel clave en la victoria aliada, ya que trabajó en estrecha colaboración con otros líderes aliados como el presidente estadounidense Franklin D. Roosevelt y el líder soviético Joseph Stalin para coordinar el esfuerzo bélico. La combinación de sus recursos, estrategias y meticulosa planificación condujo a la derrota de Hitler y los nazis.

A pesar de ser un líder extremadamente popular, Churchill perdió las elecciones en 1945, pero fue reelegido de nuevo en 1951.

En la posguerra, Churchill desempeñó un papel clave en la creación de las Naciones Unidas y creía firmemente que Europa debía estar unida, especialmente cuando el continente se enfrentaba a una nueva amenaza de la Unión Soviética y el comunismo.

Churchill fue un gran defensor de las políticas de bienestar social y se pronunció abiertamente contra el *apartheid* en Sudáfrica. También se distinguió por su estrecha amistad con la reina Isabel II, a quien conocía desde que era niña. Ambos compartían un afecto especial, y él desempeñó un papel clave en la organización de su coronación.

A su muerte, a los noventa años, se le rindió un funeral de Estado al que asistieron dignatarios de todo el mundo. En la historia británica e internacional se lo considera un héroe y uno de los más grandes líderes bélicos del siglo XX.

Capítulo 10: Un legado intocable

En los nueve capítulos anteriores hemos visto cómo Gran Bretaña pasó de ser una nación insular a convertirse en el imperio más poderoso del mundo. Y luego cómo empezó a encogerse y fragmentarse, debilitándose hasta no tener prácticamente ningún poder o influencia.

Tal y como es hoy, una nación desarrollada, occidentalizada y democrática, podemos preguntarnos si el país sigue siendo relevante en el mundo actual. En caso afirmativo, ¿cómo?

La respuesta corta es sí. Aunque puede que Gran Bretaña no sea tan poderosa como antaño, la nación sigue siendo un actor importante en la política, la economía, la cultura y la diplomacia internacionales. Durante siglos, Gran Bretaña ha sido un líder influyente en la escena mundial, y esto sigue siendo así.

Desde el punto de vista político, Gran Bretaña participa en los asuntos mundiales a través de su pertenencia a organizaciones internacionales como las Naciones Unidas y la OTAN. Gran Bretaña también formaba parte de la Unión Europea hasta el Brexit en 2020.

Al igual que en las décadas de posguerra, Gran Bretaña sigue desempeñando un papel diplomático de mantenimiento de la paz, centrándose en promover la paz y la estabilidad en regiones subdesarrolladas o en conflicto de todo el mundo. Gran Bretaña es también uno de los principales donantes de ayuda exterior y un líder en la lucha contra muchos de los retos a los que se enfrenta el planeta hoy en día, como la pobreza, los derechos humanos y el cambio climático.

¿El segundo imperio británico?

En el momento de la publicación de este informe, un total de quince países siguen teniendo al monarca británico como jefe de Estado. Entre ellos se encuentran los siguientes:

1. Reino Unido
2. Canadá
3. Australia
4. Nueva Zelanda
5. Papúa Nueva Guinea
6. Jamaica
7. Bahamas
8. Granada
9. San Cristóbal y Nieves
10. Santa Lucía
11. Antigua y Barbuda
12. San Vicente y las Granadinas
13. Islas Salomón
14. Tuvalu
15. Belice

Dado el número de países que siguen considerando al monarca británico como su jefe de Estado, ¿se puede argumentar que el segundo imperio británico sigue vivo y próspero?

La respuesta es no. Cuando Gran Bretaña era un imperio, tenía el control directo y gobernaba sobre las colonias. Los países que tienen a Gran Bretaña como actual jefe de Estado no tienen ninguna relación constitucional con el Reino Unido. El monarca es una figura basada en vínculos históricos y constitucionales.

Gran Bretaña mantiene una importante presencia global y ejerce una considerable influencia a nivel mundial, pero su poder y alcance no se acercan a lo que solían ser cuando el imperio estaba en su apogeo.

El proceso de descolonización y cuestiones nacionales como el Brexit, la inmigración y la política han reducido drásticamente el prestigio y la reputación internacional de Gran Bretaña. El ascenso de otras potencias mundiales como Estados Unidos y China ha añadido una capa adicional de desafío.

Así que, aunque Gran Bretaña sigue siendo sin duda un actor importante en los asuntos globales, no domina ni influye en el mundo de manera significativa, y no hay base para afirmar que un segundo imperio está en pleno apogeo.

Cabe suponer que el sol se ha puesto para el Imperio británico, pero eso no significa que no pueda volver a ser una superpotencia. Sin embargo, primero la nación tiene que curarse a sí misma y decidir qué tipo de país quiere ser.

Gran Bretaña hoy

La sexta economía del mundo en el momento de escribir estas líneas pertenece a Gran Bretaña, una nación industrializada, democrática y desarrollada. Sin embargo, el Banco de Inglaterra predice que el país está a punto de sufrir el mayor declive de su nivel de vida.

Los expertos afirman que la economía británica, antaño a la altura de las economías más poderosas del mundo, es hoy más comparable a la de las naciones más débiles de Europa del Este. Es un problema que probablemente solo seguirá empeorando.

Gran Bretaña parece estar atravesando una gran convulsión social y política mientras lucha por navegar en una situación económica cada vez más desesperada.

Tras siglos de tener asegurada su posición en el mundo, el país sufrió grandes cambios después de la Segunda Guerra Mundial. Perdió todo su imperio, su estatura política, la mayor parte de su influencia y su fuerza económica y política.

No es ningún secreto que Gran Bretaña se ha tambaleado y se enfrenta a una serie de retos e incertidumbres, incluidos los cambios geopolíticos y una economía en dificultades, lo que, a su vez, está teniendo un gran impacto en las cuestiones sociales y medioambientales.

La crisis económica británica viene de lejos y se ha agravado con la pandemia. Todo se ha visto agravado por la escalada del costo de la vida, los altos tipos de interés, los impuestos y la inflación.

Casi un tercio de los niños británicos viven en la pobreza. Cientos de miles de hogares viven de los cheques de la Seguridad Social y son incapaces de poner regularmente comida en la mesa. Millones más están sumidos en deudas y luchan por mantenerse a flote financieramente.

Para un porcentaje significativo de la población, Gran Bretaña se siente como un país roto en el que acabarán muriendo de hambre o de frío. Es una triste situación para este otrora glorioso imperio.

A principios de 2023, la Oficina Nacional de Estadística declaró que la economía del país estaba estancada en el último trimestre de 2022 y que la familia media de clase media podía esperar una caída de sus ingresos de casi el 13%.

Gran Bretaña es la única gran economía del mundo que parece no haberse recuperado del todo tras la pandemia. Una caída significativa del comercio con la Unión Europea debido al aumento de los impuestos para las empresas y los consumidores también está teniendo un impacto negativo en la economía de la nación. El gasto de los clientes ha disminuido, lo que es malo para las empresas y la economía.

Según el Fondo Monetario Internacional (FMI), Gran Bretaña es la única nación avanzada cuya economía disminuirá en 2023; se espera que se contraiga un 0,6%.

Gran Bretaña también está experimentando importantes problemas de escasez de mano de obra. Cuando la pandemia golpeó por primera vez, la economía británica se vio más afectada que la de la mayoría de los países, y su acceso a trabajadores y mano de obra calificada se ha visto muy limitado desde el Brexit, puesto que ya no cuentan con una reserva de trabajadores europeos. Esto, a su vez, ha dado lugar a una economía lenta, rígida y menos resistente.

Como un círculo vicioso, el desmoronamiento de la economía está teniendo un grave impacto en los servicios públicos y en la sociedad. El nivel de la educación disminuye, los problemas de salud física y mental aumentan, y el gobierno parece incapaz o impotente para ayudar. En resumen, Gran Bretaña está atravesando una crisis significativa sin un final real a la vista.

Gran Bretaña parece perdida e insegura de su lugar en el mundo, lo que no puede ser del todo inesperado. Los británicos parecen estar intentando equilibrar el pasado con el presente y reconciliar lo que fueron y lo que perdieron con lo que quieren ser.

La lucha parece consistir en intentar encontrar una identidad en un mundo que les es totalmente ajeno. Debe ser difícil desempeñar un papel menor cuando, durante siglos, la nación siempre había sido el líder indiscutible. No puede ser fácil ver cómo Estados Unidos, antaño una antigua colonia, les supera en todos los niveles.

¿Es posible que Gran Bretaña recupere parte de su antigua gloria? ¿Puede, como el ave fénix, resurgir de sus cenizas?

Sin duda podría ocurrir, pero para ello Gran Bretaña debe dejar atrás el pasado al que se aferra tan desesperadamente y abrazar el nuevo orden de cosas. La nación tiene que aprender a modernizarse, cambiar y evolucionar.

Brexit

Mucha gente cree que la economía británica ha caído en picado rápidamente desde el Brexit. El término Brexit se refiere a la muy controvertida decisión de Gran Bretaña de abandonar la Unión Europea (UE).

¿Qué es la Unión Europea? Es una unión política y económica de veintisiete Estados miembros de Europa occidental, oriental y central. La existencia de la Unión tiene su origen en varios tratados que se redactaron después de la Segunda Guerra Mundial. La idea era cooperar económicamente entre sí y vincular sus economías para evitar futuros conflictos.

Otros objetivos de la UE son promover la paz, la democracia y la prosperidad económica. La UE cuenta con varias instituciones: el Parlamento Europeo, el Consejo Europeo y la Comisión Europea. Cada una de ellas sirve a un propósito diferente, pero tienen un objetivo principal: la cooperación.

La adhesión a la UE es puramente voluntaria.

Durante algún tiempo, los británicos han tenido la sensación de que pertenecer a la UE les impedía controlar sus propias leyes y políticas. Por ejemplo, Gran Bretaña quería frenar el número de inmigrantes que entraban en el país, pero no podía hacerlo debido a las políticas de inmigración de la UE. Los británicos sentían frustraciones similares en relación con el comercio; Gran Bretaña consideraba que las políticas de la UE le impedían negociar mejores acuerdos con otros países. También preocupaba la cantidad de dinero que Gran Bretaña aportaba a la UE, y se argumentaba que salir de la UE supondría un gran ahorro.

En resumen, los partidarios del Brexit creían que abandonar la UE permitiría a Gran Bretaña recuperar el control de sus fronteras, reducir la burocracia y elaborar sus propias leyes, principalmente en materia de inmigración y comercio. Los que estaban en contra argumentaban que la medida dañaría la economía del país, debilitaría su posición internacional y reduciría las oportunidades de comercio y cooperación con otros Estados miembros de la UE.

Tras años de especulaciones y debates, se celebró un referéndum sobre la cuestión. Casi el 52% de los votantes optaron por abandonar la UE.

Las negociaciones entre la UE y Gran Bretaña fueron complicadas y se prolongaron durante varios años, hasta que el país abandonó formalmente la UE el 31 de enero de 2020.

Aún se desconocen todos los efectos del Brexit, pero las consecuencias inmediatas han sido menos que estelares. Económicamente, la salida de Gran Bretaña ha supuesto nuevos aranceles y barreras comerciales que han afectado a la capacidad del país para comerciar e invertir con la UE y otros países con la misma facilidad que antes.

Políticamente, ha creado una gran agitación, con la dimisión del primer ministro David Cameron poco después del referéndum y la toma de posesión de Boris Johnson. Su etapa como primer ministro estuvo plagada de escándalos y negatividades. El resultado del Brexit también ha aumentado las tensiones entre Gran Bretaña, Escocia y la isla del Norte, ya que ahora se ven obligadas a hacer frente a las consecuencias del Brexit.

Socialmente, ha creado un gran descontento entre la población británica, muchos de los cuales sienten que Gran Bretaña está retrocediendo en lugar de avanzar.

Es demasiado pronto para saber si el Brexit fue un error o no. Si el país consigue resolver los problemas que han surgido al salir de la UE, Gran Bretaña puede convertirse en un país más fuerte y poderoso.

Sin embargo, en un mundo cada vez más interconectado, en el que la prosperidad y el desarrollo de una nación dependen de la cooperación y de alianzas sólidas, uno se pregunta por qué Gran Bretaña tomaría una decisión así. ¿Fue orgullo? ¿El deseo de volver a ser la nación independiente e intrépida que fue? ¿Un imperio que era líder y no seguidor?

Sea cual sea la razón, Gran Bretaña se encuentra actualmente en una encrucijada, y los próximos pasos que dé determinarán en qué tipo de país se convertirá en las próximas décadas.

El lado bueno del Imperio

Es evidente que el Imperio británico ha suscitado mucha controversia y negatividad. La nación ha sido condenada por muchas de sus acciones contra las colonias. Sin embargo, no se puede negar que el Imperio británico también aportó muchas cosas positivas al mundo.

El reinado empírico de Gran Bretaña hizo que el inglés se convirtiera en la lengua universal. La mayor parte del mundo habla y se comunica con bastante facilidad en inglés, y la mayoría de nosotros lo hacemos sin pensarlo. Damos por sentada nuestra capacidad de comunicarnos con muchas partes del mundo en inglés.

Pero, ¿habría sido así si Gran Bretaña no hubiera construido un imperio? Los británicos extendieron su lengua, su cultura y sus valores a sus colonias. ¿Cuál sería hoy el idioma universal si Gran Bretaña no hubiera hecho eso?

Además, ¿la globalización habría llegado más tarde? ¿Se sentiría el mundo como un lugar mucho más grande de lo que es hoy sin que Gran Bretaña hubiera creado y establecido vínculos y rutas comerciales?

El comercio nos permite sentarnos en un país mientras disfrutamos de alimentos, bebidas y bienes de otro. ¿Sería hoy tan fácilmente accesible sin los británicos? ¿Puede afirmarse que el dominio británico sobre el mundo aceleró este proceso?

Sin duda, el resultado de la Segunda Guerra Mundial habría sido muy diferente sin el Imperio británico. No podemos afirmar con rotundidad que Hitler hubiera ganado la guerra, pero sí que podría haberlo hecho.

Durante el periodo de colonización, cuando los imperios se apresuraban a conquistar colonias, si Gran Bretaña hubiera optado por no colonizar, muchas de las colonias británicas habrían acabado probablemente en manos de otros imperios, entre ellos Alemania y Rusia. Eso por sí solo habría cambiado por completo la faz de ambas guerras mundiales.

Gran Bretaña contó con el firme apoyo de sus aliados durante la guerra, la mayoría de ellos colonias o, en el caso de Estados Unidos, antiguas colonias. Como sabemos, Estados Unidos desempeñó un papel fundamental a la hora de ayudar a los Aliados a lograr la victoria durante ambos conflictos mundiales, y toda su existencia se debe al Imperio británico y a su impulso imperialista.

Si Gran Bretaña no hubiera conquistado y colonizado (y no hubiera sido tan insufrible), es posible que las Trece Colonias nunca se hubieran rebelado. Cada pequeña cosa que ocurrió hace siglos ha repercutido en el mundo en que vivimos hoy. Estados Unidos es hoy una superpotencia gracias a la Revolución estadounidense.

Por otro lado, ¿qué hubiera pasado si Estados Unidos hubiera sido colonizado por una de las potencias del Eje? Los nazis podrían haber ganado. El comunismo podría haber ganado. El mundo en el que vivimos hoy habría sido radicalmente distinto si eso hubiera sucedido. En lugar de disfrutar de los derechos y libertades que ofrecen las naciones democráticas occidentales, la mayor parte del mundo podría haber estado viviendo bajo regímenes autoritarios.

Peor aún, podríamos haber sufrido una tercera guerra mundial.

Conclusión

Se puede argumentar que el mundo habría sido un lugar radicalmente distinto si Gran Bretaña nunca hubiera aspirado a ser un imperio. Suponiendo que todo lo demás en la historia se desarrollara como lo hizo (por ejemplo, el ascenso de Hitler al poder, la Guerra Fría, etc.), ¿cómo sería el mundo sin el dominio y la fuerza de Gran Bretaña?

¿Cómo habría sido la vida de las naciones de África, Asia y Oriente Próximo? ¿Estarían sumidas en conflictos, se convertirían en ricas naciones desarrolladas o pertenecerían a alguien totalmente distinto? Aunque nunca podremos responder a estas preguntas, es interesante especular sobre lo que podría haber sido.

Hemos analizado en profundidad cómo la influencia de Gran Bretaña ha disminuido drásticamente desde mediados del siglo XX, pero ¿podría algún día estar a la altura de las superpotencias actuales? ¿O incluso superarlas por completo? La respuesta es probablemente no.

El Imperio británico ha demostrado que es fuerte, resistente e ingenioso. Puede que sea prematuro descartar por completo que vaya a estar a la altura de las superpotencias actuales, pero dada la cantidad de problemas a los que se enfrenta el país, como la crisis de la vivienda, el drástico aumento del desempleo y las luchas económicas, se puede asumir con seguridad que Gran Bretaña tiene un largo camino por recorrer antes de alcanzar de nuevo el estatus de superpotencia.

Parte del camino consiste en modernizarse, comprender a la gente y dejar atrás el pasado. El país debe abrirse más a la inmigración como forma de estimular el crecimiento y cubrir las carencias de mano de obra.

Puede que Gran Bretaña también tenga que plantearse para qué sirve la monarquía. La mayoría de las naciones europeas han renunciado a las monarquías, por considerarlas instituciones anticuadas, o han cambiado el funcionamiento de la institución para que se ajuste más a las exigencias de la realidad actual.

Gran Bretaña concede gran importancia a la familia real, vinculando su identidad nacional a la existencia de la institución. Sin embargo, lo cierto es que la monarquía británica es quizá una de las más controvertidas, y el hecho de que la familia real parezca tan alejada del mundo real no ayuda a la reputación de Gran Bretaña.

En los últimos años, una serie de polémicas en torno a la familia real, como la boda del príncipe Harry y Meghan Markle y las secuelas que se produjeron, así como el escándalo con el príncipe Andrés y su relación con Epstein, han dejado a la monarquía en un terreno más inestable de lo que ha estado en mucho tiempo.

A mucha gente le cuesta aceptar a Camilla al lado del rey Carlos, ya que el espectro de Diana pende sobre ellos.

Mientras que algunos esperaban con impaciencia la coronación, considerándola una oportunidad para que Gran Bretaña exhibiera su poderío y tradición, a muchos les resultaba difícil comprender cómo el rey Carlos podía organizar una coronación que costó a los contribuyentes más de 125 millones, especialmente en un momento en que la gente lucha por encontrar comida o mantener un techo sobre sus cabezas.

Las generaciones más jóvenes, en particular, cuestionan cada vez más la necesidad de una familia real cuya vida se financia con el dinero de los contribuyentes y de una monarquía que se ha construido a costa de la esclavitud.

Algunas antiguas colonias exigen cada vez más que se les devuelvan las joyas robadas, y varias naciones de la Commonwealth han manifestado su intención de convertirse en repúblicas en los próximos años.

En la coronación del rey Carlos III, el 6 de mayo de 2023, cientos de manifestantes antimonárquicos abuchearon al monarca y corearon a favor de la abolición de la monarquía.

Si estos sentimientos y las tensiones internas y externas siguen aumentando, ¿podrá sobrevivir la monarquía otro siglo? ¿O incluso otra generación?

Es bien sabido que Carlos no goza de la misma popularidad ni inspira el mismo respeto que su madre. ¿Puede existir la monarquía si el pueblo decide no someterse a ella? ¿Suprimir la monarquía hará que Gran Bretaña sea más moderna? Algunos creen que sí, ya que la mayoría de las monarquías del mundo han sido abolidas. Otros no ven la importancia, ya que el rey no tiene poder de decisión oficial en política y es simplemente una figura decorativa. Sea como fuere, una cosa está clara: el concepto de monarquía sigue dividiendo a la sociedad británica, y es posible que se produzcan grandes cambios como consecuencia de ello.

Gran Bretaña no es la nación que fue, y el problema es que sigue queriendo serlo. En lugar de obsesionarse con su época de esplendor, Gran Bretaña debe plantearse cómo aprender de su historia y su legado para convertirse en una potencia aún mayor en las generaciones venideras.

Vea más libros escritos por Enthralling History

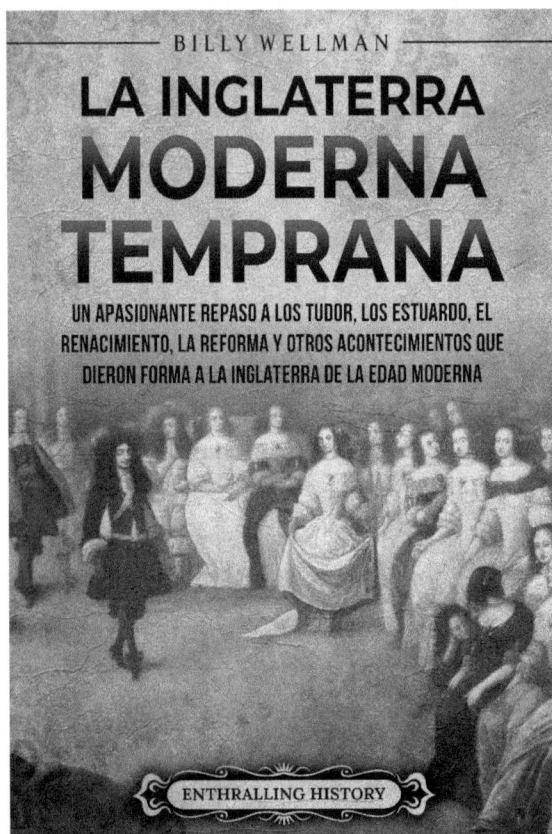

Fuentes

"British Empire". https://www.britannica.com/place/British-Empire.

"'Crowning the Coloniser': Early origins, 1175-1603". https://museumofbritishcolonialism.org/2023-4-16-monarchy-and-empire-origins/

Ferguson, Niall. *Empire: How Britain Made the Modern World.* 2018.

James, Lawrence. *The Rise and Fall of the British Empire.* 1997.

Tharoor, Shasi. *Inglorious Empire: What the British Did to India.* 2018.